中国期货业协会期货投资者教育专项基金资助

“讲故事 学期货”金融国民教育丛书

U0836698

期货交易中的“规矩”

“讲故事 学期货”金融国民教育丛书编写组◎编

中国财经出版传媒集团
中国财政经济出版社

图书在版编目（CIP）数据

期货交易中的“规矩”/“讲故事　学期货”金融国民教育丛书编写组编. -- 北京：中国财政经济出版社，2019.12

（“讲故事　学期货”金融国民教育丛书）

中国期货业协会期货投资者教育专项基金资助

ISBN 978-7-5095-4355-9

Ⅰ.①期…　Ⅱ.①讲…　Ⅲ.①期货交易-基本知识　Ⅳ.①F830.9

中国版本图书馆 CIP 数据核字（2016）第 282246 号

责任编辑：郁东敏　　责任校对：黄亚青

封面设计：田　晗　　版式设计：董生平

中国财政经济出版社出版

URL：http：//www.cfeph.cn

E-mail：cfeph@cfeph.cn

社址：北京市海淀区阜成路甲 28 号　邮政编码：100142

营销中心电话：010-88191537

北京时捷印刷有限公司印刷　各地新华书店经销

889×1194 毫米　24 开　4.75 印张　97 000 字

2019 年 12 月第 1 版　2019 年 12 月北京第 1 次印刷

定价：25.00 元

ISBN 978-7-5095-4355-9

（图书出现印装问题，本社负责调换）

本社质量投诉电话：010-88190744

前　言

近年来，我国期货市场运行质量不断提高，价格发现和风险管理的基础功能得到发挥，在优化资源配置、促进产业升级、提升经济运行效率、维护国家经济金融安全等方面发挥着越来越重要的作用。在新品种不断推出、新业务持续发展、国际化进程稳步推进的大背景下，不仅是机构客户、产业链企业、高净值人群出于规避价格波动风险的迫切需求，将期货这一对冲工具放入资产配置的篮子之中，以期平衡资产收支、实现财富管理目标，一些中小投资者也被价格波动带来的投资机会吸引，成为市场的参与者和流动性的贡献者。

我国投资者群体普遍缺乏系统的金融知识教育，风险识别能力和风险承受能力不高，容易产生投资过程中的非理性行为，不仅造成自身的财务风险，也给市场稳定和金融安全造成隐患。从世界范围来看，随着各国金融消费规模的不断增加和金融创新的快速发展，金融商品或服务日益复杂化，金融知识教育作为对消费者的一种预防性保护，得到了越来越多国家的重视和强化。期货及期权合约的杠杆性、复杂性和投机性，决定了其“高风险、高收益”的特点，将期货知识纳入金融国民教育体系，是一项具有行业前瞻性的工作。

根据国务院办公厅《关于进一步加强资本市场中小投资者合法权益保护工作的意见》（国办发〔2013〕110 号）的有关要求，在中国证监会、教育部联合印发的《关于加强证券期货知识普及教育的合作备忘录》的指导下，期货行业在落实“加大普及证券期货知识力度”“将投资者教育逐步纳入国民教育体系”方面开展了多种探索和实践。由中国期货业协会期货投资者教育专项基金资助编写的《“讲故事　学期货”金融国民教育丛书》就是将复杂的金融知识以尽可能通俗易懂的方式向公众传播的有益尝试。丛书作为系统介绍我国期货市场的基础性教育普及读物，以广大普通投资者为服务对象，满足对期货市场缺乏了解的个人或企业的需求。丛书在编写上突出“讲故事　学期货”的特色，在编写形式上多引用案例故事，形式活泼；在语言上通俗易懂，可读性强；在内容上以“风险教育”为主线，深入浅出，不仅对期货市场的起源发展、交易方法、交易品种等基本知识进行了讲解，而且对期货市场的组织架构、法律法规、风险监管等环节也进行了全方位解读；还考虑到期货行业未来的发展趋势，对期权、场外衍生品等投资者感兴趣的话题作了前瞻性介绍。

衷心希望本套丛书的出版能够为期货投资者了解期货市场、树立风险意识、理性参与期货交易提供有益的帮助。

“讲故事　学期货”金融国民教育丛书编写组

2019 年 12 月

目　录

学习准备

不管您是在校学生、职业白领，还是企业管理者、自主创业者……当您打开手中这本书并且准备阅读时，请把自己当作一位期货市场的爱好者、一位潜在期货交易的参与者。

或许您已经了解，期货市场既是风险厌恶参与者管理风险的场所，也是希望“以小博大”的投资者的乐园。无论哪种类型的参与者，都是期货市场正常运转必不可少的组成部分。

期货市场虽然是一个管理风险的市场，但由于存在杠杆交易机制，期货市场本身也蕴含着较大风险。更需注意的是，期货市场还是一个规则导向的市场，市场运行对法律法规高度依赖。因此，要想了解期货市场，进而在交易时防范风险和保护自己的合法权益，对期货市场的法律法规进行认真而充分地学习，是必不可少的。

本书将带您了解期货市场法律法规体系，以及构成该法律法规体系的期货市场主要法律、法规、规章、规范性文件的内容。期货市场法律法规，一方面是保护您的合法权益；另一方面也明确规定了期货交易中哪些“红线”不可触及，哪些违法违规行为必将受到查处，以及在期货交易中如果发生纠纷如何解决等。

学习期货市场法律法规的必要性

在有序而平常的生活中，漫步街头，随意走进一家商铺购买心仪的商品，一般采用“一手交钱、一手交货”的交易方式。这是典型的现货交易。期货交易从现货交易演化而来，是相对于现货交易而言的一种交易方式，与现货交易有着显著区别。

期货交易是一种在特定交易场所进行的、以标准化合约为买卖对象的交易方式。期货交易一般发生在期货交易所内，其交易对象是由期货交易所制定的、规定在将来某一特定的时间和地点交割一定数量标的物，或者在将来某一时间以特定价格买入或者卖出约定标的物的标准化合约（前者被称为期货合约，后者被称为期权合约）。期货交易采用保证金交易、每日无负债结算、对冲平仓等明显与现货交易不同的制度。简言之，期货交易是一种由期货交易所组织的高度标准化的交易方式。

期货交易的特殊性决定了它有着一套不同于现货交易的交易规则，必须遵守不同于现货交易的法律法规。再加上期货交易是保证金交易，采用杠杆交易机制，交易者在享受“以小撬大”便利性的同时，也面临本金亏损甚至变成负数的风险。为了保护好自己的利益，控制住期货交易中的风险，交易者在决定参与期货交易前，需要进行专门的学习和准备。期货市场的法律法规，直接规定了期货交易的主要制度，无论交易者、期货公司、期货交易所、期货从业人员还是监管机构，都应当严格遵守。因此，期货市场法律法规应当是学习的重要内容。

参与期货交易需要了解的法律法规文件

我国期货市场相关法律法规包括法律、行政法规、部门规章及规范性文件，以及期货交易所、期货业协会的自律规则等。这些法律法规文件共同组成了我国期货市场法律法规制度体系，也是我们从事期货交易前需要学习和了解的内容。

1. 法律

在我国，法律由国家最高立法机关——全国人大及其常委会制定。我国还没有出台专门、系统的规范和调整期货市场各主体间权利义务的期货法。《民法总则》《公司法》《合同法》《刑法》等法律从不同角度对期货市场进行了规范和调整。例如，《民法总则》中关于法人、代理的规定，《公司法》关于公司组织和行为的规定，以及《合同法》总则中的相关规定，《合同法》分则中关于行纪合同、居间合同的规定，《刑法》中关于期货市场相关犯罪的规定等。

2. 行政法规

目前，国务院出台的行政法规——《期货交易管理条例》，是我国期货市场法律法规体系中，专门、系统规范和调整期货市场的效力层次最高的文件。

我国期货市场自 1990 年开始试点以来，曾一度出现过盲目发展的势头。1993 年 11 月，国务院发布了《关于坚决制止期货市场盲目发展的通知》（国发〔1993〕77 号），按照“规范起步，加强立法，一切经过试验和严格控制”的原则，开始加强对期货市场的整顿和规范。1995 年，中国证监会、国家体改委（现已并入国家发改委）和国务院法制局（后为国务院法制办，现并入司法部）草拟了《期货交易管理条例》，提请国务院审议。由于当时我国期货市场正处于清理整顿阶段，有些问题一时还难以确定，条例未能出台。

为了切实加强对期货市场的监管，防范和化解风险，保证期货市场试点工作的顺利进行，1998 年全国金融工作会议和《国务院关于进一步整顿和规范期货市场的通知》（国发〔1998〕27 号）确定了“继续试点，加强监管，依法规范，防范风险”的原则，并明确要求“要抓紧起草期货交易管理条例，提交国务院审议”。按照国务院的部署，国务院法制办、中国证监会在总结期货市场试点工作正反两方面经验的基础上，根据国务院确定的原则、政策和措施，形成了条例草案。1999 年 6 月 2 日，国务院令第 267 号发布了《期货交易管理暂行条例》，并于同年 9 月 1 日起施行。2007 年，《期货交易管理暂行条例》修改为《期货交易管理条例》。此后，为了满足市场发展实际需要，《期货交易管理条例》于 2012 年、2013 年、2016 年和 2017 年进行了多次修订。

《期货交易管理条例》确立了期货交易的基本制度，强化了对期货市场实行集中统一的管理模式，为期货市场发展奠定了法律基础。

3. 部门规章和规范性文件

部门规章及规范性文件层面，主要是中国证监会出台的一些规定。中国证监会作为国务院期货监督管理机构，依法对期货市场实行集中统一的监督管理。为贯彻执行《期货交易管理条例》，中国证监会制定了与之相配套的一系列规章和规范性文件，如规范期货交易所的《期货交易所管理办法》，规范期货公司的《期货公司监督管理办法》，规范期货从业人员的《期货从业人员管理办法》《期货公司董事、监事和高级管理人员任职资格管理办法》《期货公司首席风险官管理规定（试行）》，规范期货业务和期货交易的《期货市场客户开户管理规定》《期货公司金融期货结算业务试行办法》《期货公司资产管理业务试点办法》《期货投资者保障基金管理办法》以及《证券期货投资者适当性管理办法》等。这些配套的规章和规范性文件，基本上形成了覆盖期货市场各个主体、各个环节的监管规则体系，与《期货交易管理条例》一起，共同构成了具有中国特色的期货市场法律法规体系的主体部分。

4. 司法解释

最高人民法院等司法机关制定并发布的一些司法解释文件，也对期货市场起着间接规范作用。如 2003 年 6 月发布的《最高人民法院关于审理期货纠纷案件若干问题的规定》（法释〔2003〕10 号）、2010 年 12 月发布的《最高人民法院关于审理期货纠纷案件若干问题的规定（二）》（法释〔2011〕1 号）等。尤其是《最高人民法院关于审理期货纠纷案件若干问题的规定》，对期货纠纷案件的管辖、责任主体、无效期货经纪合同的责任、交易行为责任、透支交易责任、强行平仓责任、实物交割责任、保证合约履行责任、期货交易中侵权行为责任、期货案件中的举证责任以及保全和执行等进行了系统、全面的规定，在指导期货纠纷案件处理的同时，也对期货交易活动起到了重要的规范作用。

5. 自律规则

各期货交易所、中国期货业协会依法制定的交易规则等自律规则，也是期货市场法律法规体系的有机组成部分。

(1) 期货交易所的规则

期货交易所的规则主要包括章程、交易规则和实施细则。

期货交易所的章程主要规定:

- 设立目的和职责;
- 名称、住所和营业场所;
- 注册资本及其构成;
- 营业期限;
- 组织机构的组成、职责、任期和议事规则;
- 管理人员的产生、任免及其职责;
- 基本业务制度;
- 风险准备金管理制度;
- 财务会计、内部控制制度;
- 变更、终止的条件、程序及清算办法;
- 章程修改程序;
- 需要在章程中规定的其他事项。

除以上这些事项外，会员制期货交易所章程还应当载明下列事项：

- 会员资格及其管理办法；
- 会员的权利和义务；
- 对会员的纪律处分。

期货交易所交易规则主要规定：

- 期货交易、结算和交割制度；
- 风险管理制度和交易异常情况的处理程序；
- 保证金的管理和使用制度；
- 期货交易信息的发布办法；
- 违规、违约行为及其处理办法；
- 交易纠纷的处理方式；
- 需要在交易规则中载明的其他事项。

除以上这些事项外，公司制期货交易所交易规则中还应当载明下列事项：

- 会员资格及其管理办法；
- 会员的权利和义务；
- 对会员的纪律处分。

实施细则是交易规则的细化，一般包括交易细则、结算细则、交割细则、套利交易管理办法、套期保值交易管理办法、风险控制管理办法、标准仓单管理办法、指定交割仓库管理办法、指定存管银行管理办法、会员管理办法以及违规处理办法等。

（2）中国期货业协会的规则

中国期货业协会是期货行业自律性组织，其自律规则包括以下几类：

一是协会组织运作类，包括《中国期货业协会章程》《理事会工作办法》等。

二是会员管理类，包括《中国期货业协会会员管理办法》《中国期货业协会会员自律公约》等。

三是从业人员管理类，包括《期货从业人员执业行为准则》《期货从业人员后续职业培训规则》等。

四是业务规范类，包括对经纪业务、期货投资咨询业务、资产管理业务、风险管理业务、场外衍生品业务、互联网开户、风险控制与合规管理、投资者教育与适当性管理、信息技术等业务的规则和指引。

五是自律监察类，包括《中国期货业协会纪律惩戒程序》等。

六是纠纷调解类，包括《中国期货业协会调解规则》等。

期货交易在哪里进行

案例

一位投资者对期货交易的杠杆交易机制很感兴趣，想通过期货投资快速实现自己的财富梦想。他从互联网上搜索，发现网上有许多组织贵金属、原油等交易的平台，这些平台普遍采用保证金交易方式。该投资者认为这些交易平台组织的交易就是期货交易，并从中选择了一家进行了交易。但不久，他发现这家交易所经营非常不规范，他参与交易的资金很快血本无归。这是哪里出了问题呢？

案例

2015 年，股票市场行情波诡云谲。一位股民渴望参与股指期货交易，但由于未能满足金融期货适当性制度要求而无法如愿。一天，有朋友向他推荐了一种股指期货“拍拍机”，并称通过该设备就能交易中国金融期货交易所挂牌的股指期货合约，且交易方式比正常的期货交易简单，仅仅通过赌涨跌即可决定输赢。这位股民如获至宝，乐此不疲。请问这位股民参与的是期货交易吗？

案例

近年来，一些地方纷纷成立了“某某商品交易所”“某某商品交易中心”等交易场所。这些交易场所在宣传中，大多强调自己是经地方人民政府（或者其职能部门，如地方商务主管部门、地方金融办等）批准的现货交易平台。但是，有的交易场所组织的所谓“现货”交易，采用保证金交易方式，并允许市场交易者在交易时“买空卖空”，甚至鼓励交易者投机、炒作。那么，这些交易场所是期货交易所吗？其组织的交易是期货交易吗？在这些交易场所进行交易是否存在潜在风险呢？

1. 期货交易如何界定

判断什么是期货交易，标准应当是《期货交易管理条例》。《期货交易管理条例》第二条第二款规定：“本条例所称期货交易，是指采用公开的集中交易方式或者国务院期货监督管理机构批准的其他方式进行的以期货合约或者期权合约为交易标的的交易活动。”据此，判断是否构成期货交易的标准有两个：一是交易方式为公开的集中交易方式或者国务院期货监督管理机构（也就是中国证监会）批准的其他交易方式；二是交易标的是期货合约或者期权合约。第二条还规定：“本条例所称期货合约，是指期货交易场所统一制定的、规定在将来某一特定的时间和地点交割一定数量标的物的标准化合约。期货合约包括商品期货合约和金融期货合约及其他期货合约。本条例所称期权合约，是指期货交易场所统一制定的、规定买方有权在将来某一时间以特定价格买入或者卖出约定标的物（包括期货合约）的标准化合约。”

那么，有资格制定标准化合约并组织期货交易的场所有哪些呢？《期货交易管理条例》第四条第一款规定：“期货交易应当在依照本条例第六条第一款规定设立的期货交易所、国务院批准的或者国务院期货监督管理机构批准的其他期货交易场所进行。”该条第二款规定：“禁止在前款规定的期货交易场所之外进行期货交易。”第六条第一款规定：“设立期货交易所，由国务院期货监督管理机构审批。”

根据这些规定，我们可以明确地知道，合法的期货交易场所包括三类：

- 中国证监会审批的期货交易所；
- 国务院批准的其他期货交易场所；
- 中国证监会批准的其他期货交易场所。

一切不在合法期货交易场所进行的交易都不是期货交易。实践中，就像上述案例所展示的，一些交易场所未经批准组织具有期货交易特征的交易，却没有受到相应的监管，隐含较大风险。这些交易场所经常发生挪用、侵占客户交易资金的行为，甚至通过非常恶劣的手段（如市场组织者参与交易，并使用虚拟资金与客户做交易对手方等）侵害客户利益。

由于这些交易场所风险较大，2011 年起，国务院发布了《国务院关于清理整顿各类交易场所　切实防范金融风险的决定》（国发〔2011〕38 号文），规定除依法经国务院或国务院期货监管机构批准设立从事期货交易的交易场所外，任何单位一律不得以集中竞价、电子撮合、匿名交易、做市商等集中交易方式进行标准化合约交易，并开始对这些交易场所进行清理整顿。对其中构成非法期货的，《期货交易管理条例》也做出了严格的处罚规定。《期货交易管理条例》第七十四条规定，非法设立期货交易场所或者以其他形式组织期货交易活动的，由所在地县级以上地方人民政府予以取缔，没收违法所得，并处违法所得 1 倍以上 5 倍以下的罚款；没有违法所得或者违法所得不满 20 万元的，处 20 万元以上 100 万元以下的罚款。对单位直接负责的主管人员和其他直接责任人员给予警告，并处 1 万元以上 10 万元以下的罚款。

因此，参与期货交易时要擦亮自己的双眼，到合法的期货交易场所进行交易，自己的权益才能得到保护。

2. 现货交易与期货交易的区别

实践中，一些非法期货交易场所往往标榜自己所组织的交易是“现货交易”，那么现货市场与期货市场究竟有何不同呢？事实上，现货市场与期货市场具有本质的区别。

现货市场是以满足生产、流通为目的而进行商品货物交换的场所，其参与者一般是具有现货背景的个人、企业或者其他组织。而期货市场是在现货市场基础上发展起来的衍生品市场。期货交易具有价格发现和套期保值功能，是企业规避现货交易价格风险的工具，也是一种允许众多以赚取买卖差价利益为动机的投机者参与交易的投资工具。期货交易的参与者，除了与所交易品种有关的现货企业外，还有大量社会公众投资者。

由于现货市场和期货市场的功能、定位和参与者均有所不同，国家对现货市场和期货市场的监管要求也不相同，如果一些现货市场脱离其现货市场的本质和功能进行所谓盲目创新，就极有可能走向非法期货交易的歧途。

从已经发生的案例看，一些现货交易场所之所以构成组织非法期货交易，主要就是因为在创新时简单套用期货交易机制。虽然先进的交易技术和手段既可以为现货市场服务，也可以为期货市场服务，但是如果现货市场完整套用期货市场的交易方式，就会把现货市场也办成有社会公众参与的具有金融产品性质的金融市场，而现货交易就演变成一种公众投资者可以广泛参与的金融投资工具。这样的市场若没有明确的监管部门和监管法规，就可能出现市场被操纵、投资者被欺诈等违背公正原则的情况，投资者的资金安全和投资利益也无法得到有效保障，也将导致市场秩序的混乱，隐含巨大的市场风险。

为贯彻落实《国务院关于清理整顿各类交易场所　切实防范金融风险的决定》（国发〔2011〕38 号），进一步明确政策界限、措施和工作要求，国务院办公厅发布《关于清理整顿各类交易场所的实施意见》（国办发〔2012〕37 号），明确规定纳入清理整顿范围的大宗商品中远期交易以及其他标准化合约交易，是指以大宗商品的标准化合约为交易对象，采用电子化集中交易方式，允许交易者以对冲平仓方式了结交易而不以实物交收为目的或不必交割实物的标准化合约交易；其他标准化合约，包括以有价证券、利率、汇率、指数、碳排放权、排污权等为标的物的标准化合约。这就意味着，真正意义上的现货交易场所，其组织的交易必须以买卖实物为目的！

为了帮助读者更好地理解和判断现货与期货，将现货交易与期货交易的区别概况如下：

- 交易目的不同：现货交易以转移商品的所有权为目的；期货交易的目的是进行风险管理，具体包括套期保值和价格发现。
- 交易方式不同：现货交易是买卖双方一对一的交易；期货交易是由交易所组织的集中竞价和集中清算的交易。
- 交易对象不同：现货交易是实物商品或者金融商品的买卖，一般是全额资金交易；期货交易是约定未来特定时间交割商品的标准化合约的交易，采取保证金交易。
- 交易的参与者不同：现货交易的参与者主要是商品的生产者、消费者和贸易商；期货交易除此之外，还有投机者。投机者是价格风险承受者，同时也为市场提供了流动性。
- 监管的要求不同：现货交易因为是一对一的交易，风险较低，监管要求因此也低；期货交易因为是不特定多数人进行的集中交易，且因为投机者的参与，影响价格变动的因素较多，导致期货交易的金融属性强，风险较大，在世界各国和地区都受到严格监管。而且，除了监管机构对期货市场进行严格监管外，期货交易所由会员授权进行市场自律监管，以维护市场秩序和市场正常运行。

3. 一定要在合法的期货交易场所从事期货交易

在我国，合法的交易场所具体有哪些呢？目前，我国依法获批的期货交易所共四家，分别是：上海期货交易所、郑州商品交易所、大连商品交易所以及中国金融期货交易所；依法获批的其他期货交易场所有为组织原油期货交易而设立的上海期货交易所的子公司——上海国际能源交易中心，以及组织股票期权交易的上海证券交易所。

截至 2019 年 12 月：

- 在上海期货交易所及上海国际能源交易中心上市的品种有铜、铝、锌、铅、镍、锡、黄金、白银、螺纹钢、线材、热轧卷板、不锈钢、原油、燃料油、沥青、天然橡胶、20 号胶、纸浆、铜期权、天胶期权和黄金期权。
- 在郑州商品交易所上市的品种有强麦、普麦、棉花、白糖、PTA、菜籽油、早籼稻、甲醇、玻璃、油菜籽、菜籽粕、动力煤、粳稻、晚籼稻、铁合金、棉纱、尿素、苹果、红枣、纯碱、棉花期权、白糖期权、PTA 期权、甲醇期权。

- 在大连商品交易所上市的品种有玉米、玉米淀粉、黄大豆 1 号、黄大豆 2 号、豆粕、豆油、棕榈油、鸡蛋、纤维板、胶合板、粳米、线型低密度聚乙烯、聚氯乙烯、聚丙烯、焦炭、焦煤、铁矿石、乙二醇、苯乙烯、玉米期权、豆粕期权、铁矿铁期权。
- 在中国金融期货交易所上市的品种有沪深 300 股指期货、上证 50 股指期货、中证 500 股指期货、2 年期国债期货、5 年期国债期货、10 年期国债期货、沪深 300 股指期权。
- 在上海证券交易所上市的品种有上证 50ETF 期权、沪深 300ETF 期权。
- 在深圳证券交易所上市的品种有沪深 300ETF 期权（其标的与上海证券交易所上市的不同）。

除此之外，任何单位或者个人不得设立期货交易所或者以任何形式组织期货交易及其相关活动。

如上所述，依法设立的期货交易所和经国务院、国务院期货监督管理机构批准从事期货交易的其他期货交易场所受到国家的严格监管。这些监管都包括哪些方面呢？

一是期货交易所不以营利为目的。《期货交易管理条例》明确规定，期货交易所不以营利为目的，按照其章程的规定实行自律管理。期货交易所的所得收益按照国家有关规定管理和使用，但应当首先用于保证期货交易场所、设施的运行和改善。期货交易所不以营利为目的，是由期货交易所的性质决定的。不同于一般企业或者公司，期货交易所是担负一定公共职能、为国民经济服务的特殊机构。

二是期货交易所的重大事项需要审批。《期货交易管理条例》规定，期货交易所办理下列事项，应当经国务院期货监督管理机构批准：

- 制定或者修改章程、交易规则；
- 上市、中止、取消或者恢复交易品种；
- 国务院期货监督管理机构规定的其他事项。

期货交易所的负责人也由国务院期货监督管理机构任免。

三是明确规定期货交易所的职责，并要求其按照国家有关规定建立、健全保证金制度、当日无负债结算制度等各项风险管理制度。当期货市场出现异常情况时，期货交易所可以按照其章程规定的权限和程序，决定采取提高保证金、调整涨跌停板幅度等紧急措施。

四是规定期货交易所不得直接或者间接参与期货交易。未经国务院期货监督管理机构审核并报国务院批准，期货交易所不得从事信托投资、股票投资、非自用不动产投资等与其职责无关的业务。

五是规定期货交易所在组织期货交易过程中的责任和义务。

如期货交易所应当及时公布上市品种合约的成交量、成交价、持仓量、最高价与最低价、开盘价与收盘价和其他应当公布的即时行情，并保证即时行情的真实、准确。期货交易所不得发布价格预测信息。

如期货交易所向会员收取的保证金，属于会员所有，除用于会员的交易结算外，严禁挪作他用。期货交易所应当按照国务院期货监督管理机构、财政部门的规定提取、管理和使用风险准备金，不得挪用。

如期货交易所会员的保证金不足时，会员未在期货交易所规定的时间内追加保证金或者自行平仓的，期货交易所应当将该会员的合约强行平仓。会员在期货交易中违约的，期货交易所先以该会员的保证金承担违约责任；保证金不足的，期货交易所应当以风险准备金和自有资金代为承担违约责任，并由此取得对该会员的相应追偿权。

根据《期货交易管理条例》，其他期货交易场所依照上述有关规定执行。

从以上规定可见，国家对期货交易场所有着全面的、非常严格的监管。交易者在依法审批设立的期货交易所或者依法批准的其他期货交易场所从事期货交易，权益是可以得到保障的。而那些非法交易场所，不仅其设立没有依据，其开展的类似期货的交易也没有法律支持。当投资者权益受到侵害时，难以得到法律的全面保障。

如何从事期货交易

案例

某上市公司的一位高级管理人员因在证券市场从事了违法违规行为，被中国证监会采取了证券市场禁入措施。在了解了一些基本的期货知识后，他决定以后就专门从事期货交易了。他的计划有问题吗？

案例

某企业通过在期货市场开展套期保值交易，有效防范了生产经营中的原材料价格风险。但该企业的经营者认为，通过期货公司代理进行期货交易，交易手续费有点高。于是，他们找到了某期货交易所的一个自营会员，希望通过该自营会员的席位进行期货交易，并表示可以向该自营会员支付一定费用。该自营会员可以答应吗？

案例

某期货公司为了多发展客户，在与客户签订经纪合同时，未向客户特别揭示期货交易存在的风险。随后，客户在交易过程中发生了亏损，于是起诉至法院，要求该期货公司承担赔偿责任。法院会支持该客户的诉讼请求吗？

案例

某投资者对期货交易非常感兴趣，但认为境外的期货市场更发达，渴望参与境外期货交易。一天，他在互联网上看到某公司广告，宣称该公司是某境外知名期货交易所在中国的代理机构，可以帮助境内个人、企业办理境外期货交易开户、入金等事宜。该投资者怦然心动。该公司的广告是否可信呢？

1. 不是所有的人都可以参与期货交易

由于期货交易的特殊性，并不是所有的人都可以从事期货交易。

根据《期货交易管理条例》，期货公司不得接受下列单位或者人员的委托为其进行期货交易：

- 国家机关和事业单位；
- 国务院期货监督管理机构、期货交易所、期货保证金安全存管监控机构和期货业协会的工作人员；
- 证券、期货市场禁止进入者；
- 未能提供开户证明材料的单位和个人；
- 国务院期货监督管理机构规定不得从事期货交易的其他单位和个人。

除了《期货交易管理条例》上述规定外，《期货公司监督管理办法》第六十一条还规定，期货公司不得接受下列单位和个人的委托，为其进行期货交易：

- 期货公司的工作人员及其配偶；
- 中国证监会及其派出机构、期货交易所、期货保证金安全存管监控机构、中国期货业协会工作人员的配偶。

除此之外，为了更好地保护市场参与者的合法权益，2016年12月，中国证监会出台了《证券期货投资者适当性管理办法》。如果投资者无法满足适当性制度要求，将无法参与相关期货品种的交易或者从事相关期货业务活动。

小贴士

投资者适当性制度

投资者适当性管理是现代金融服务的基本原则和要求，也是成熟市场普遍采用的保护投资者权益和管控创新风险的做法。

针对我国期货市场交易者散户占比较高，一些投资者的知识储备、投资经验和风险意识不足的特殊情况，股指期货从2010年上市之初就实行了严格的投资者适当性制度，其核心是根据产品特征和风险特性，区别投资者的产品认知水平和风险承受能力，选择适当的投资者审慎参与交易，并建立与之相适应的监管制度安排。该制度后来被拓展至国债期货交易，相应形成了金融期货投资者适当性制度。

除了金融期货投资者适当性制度外，中国期货业协会2014年12月出台的《期货公司资产管理业务管理规则（试行）》规定，期货公司或子公司应当建立健全客户适当性制度，对客户和资产管理计划进行分级分类，根据客户的风险识别和承受能力，销售适当的资产管理计划，提供适当的资产管理服务。销售适当性最终责任由期货公司或子公司和销售机构在销售合同中约定。

为落实《国务院关于进一步促进资本市场健康发展的若干意见》（国发〔2014〕17号）和《国务院办公厅关于进一步加强资本市场中小投资者合法权益保护工作的意见》（国办发〔2013〕110号）关于健全适当性制度的要求，强化经营机构投资者适当性义务，维护投资者合法权益，中国证监会2016年12月发布《证券期货投资者适当性管理办法》。该办法的出台，有利于在证券期货市场不同业务、产品之间形成统一的适当性制度，并通过规范分类分级标准、明确经营机构义务，将监管要求和压力有效传导到一线经营机构，督促其将适当的产品或服务销售或提供给适当的投资者，增强投资者保护主动性，提高服务质量和水平。

《证券期货投资者适当性管理办法》针对适当性管理中的实际问题，主要规定了以下制度安排：

一是形成了依据多维度指标对投资者进行分类的体系，统一投资者分类标准和管理要求。该办法将投资者分为普通和专业投资者两类，规定了专业投资者的范围，明确了专业、普通投资者相互转化的条件和程序，进一步规范了特定市场、产品、服务的投资者准入要求。

二是明确了产品分级的底线要求和职责分工，建立层层把关、严控风险的产品分级机制。规定经营机构应当了解产品或服务信息，对产品或服务进行风险分级并制定分级内部管理制度，明确划分风险等级的考虑因素。规定由行业协会制定并定期更新本行业的产品风险等级名录，经营机构可以制定高于名录的实施标准。

三是规定了经营机构在适当性管理各个环节应当履行的义务，全面从严规范相关行为。如根据该办法，经营机构应当了解投资者信息，建立投资者评估数据库并每年更新；提出适当性匹配的底线要求，细化动态管理、告知警示、录音录像等义务；在代销产品或委托销售中了解产品信息、制定适当性标准等义务，委托销售机构和受托销售机构依法共同承担责任；制定落实适当性匹配、风险控制、监督问责等内部管理制度，不得采取鼓励从业人员不适当销售的考核激励措施，定期开展自查，妥善保存资料等。

四是突出对于普通投资者的特别保护，向投资者提供有针对性的产品及差别化服务。规定普通投资者在信息告知、风险警示、适当性匹配等方面享有特别保护。经营机构向普通投资者销售高风险产品或者提供相关服务，应当履行特别的注意义务，不得向普通投资者主动推介不符合其投资目标或者风险等级高于其风险承受能力的产品或者服务。经营机构与普通投资者发生纠纷的，经营机构应当提供相关资料，证明其已向投资者履行相应义务。

五是强化了监管自律职责与法律责任，确保适当性义务落到实处。办法规定了监管自律机构在审核关注产品或者服务适当性安排、督促适当性制度落实、制定完善适当性规则等方面的职责，并针对每一项义务都制定了相应的违规罚则，以确保经营机构严格落实适当性义务。

为配合《证券期货投资者适当性管理办法》的实施，中国期货业协会发布《期货经营机构投资者适当性管理实施指引（试行）》（以下称《指引》），并于2017年7月1日起施行。

《指引》规定，期货经营机构应当将普通投资者按其风险承受能力至少划分为五类，由低至高分别为C1（含风险承受能力最低类别）、C2、C3、C4、C5类。同时，期货行业产品或服务的风险等级原则上分为五级：由低到高为R1级、R2级、R3级、R4级、R5级。适当性匹配则按照平行对接、执行向下兼容原则，即C5类可以买所有R1至R5级产品，C4类可以购买R1至R4级产品，以此类推。

按照中国期货业协会发布的产品或服务风险等级名录，商品期货定义在R3级，金融期货、期权、特定品种这些在现行交易规则中有资金门槛的品种定义在R4级，场外衍生产品根据有限和无限敞口定义在R4和R5级，期货咨询业务、风险管理子公司涉及场内期货业务都是根据涉及的工具分属R3至R5等级，资管产品依据资管备案机构标准分别对接在R1至R5级之中。经营机构可以以此名录为参考再进行细分，但制作本经营机构的风险等级名录不得低于中国期货业协会制定的标准。

值得注意的是，现有投资者参与期货交易按原有制度安排进行，实行区别对待，“新老划断”。而即使根据新的规定，除风险承受能力最低类别的投资者外，普通投资者如果主动要求，可以在履行适当性程序后，购买高级别的产品或服务。此时，投资者需要签署特别风险警示书，确认已知悉产品或服务的风险特征、风险高于投资者承受能力的事实及可能引起的后果。期货公司还要追加了解投资者的相关信息，并给予投资者至少24小时的冷静期或至少增加一次回访告知特别风险。

当然，期货公司不得向普通投资者主动推介风险等级高于其风险承受能力的产品或服务。

2. 如何开立期货账户

如果一个投资者具备参与期货交易的资格，如何才能实际参与期货交易呢？是自己直接到期货交易所买卖期货合约吗？不是的！

《期货交易管理条例》第二十三条规定：“在期货交易所进行期货交易的，应当是期货交易所会员。符合规定条件的境外机构，可以在期货交易所从事特定品种的期货交易。具体办法由国务院期货监督管理机构制定。”第八条第一款规定：“期货交易所会员应当是在中华人民共和国境内登记注册的企业法人或者其他经济组织。”

根据上述规定，期货交易实行会员制度。除了依法获批参与特定品种交易的境外机构外，除非交易者是在中华人民共和国境内登记注册的企业法人或者其他经济组织并成为交易所的会员，交易者不能直接在期货交易所进行期货交易。这就意味着，普通投资者从事期货交易，必须在期货公司开立期货账户，通过期货公司代为交易才可以。当然，期货公司从事经纪业务，接受客户委托，以自己的名义为客户进行期货交易，交易结果由客户承担。

如上所述，能够直接进入期货交易所进行交易的只能是期货交易所的会员。目前会员主要分为两类，即期货公司会员和非期货公司会员。后者目前主要是指各商品期货交易所的自营会员。此类会员不具有经纪业务资格，不可以代理客户进行期货交易。所以，普通投资者在参与期货交易之前，应首先在期货公司开立期货账户。

开立期货账户，实质上是投资者与期货公司签订期货经纪合同，委托期货公司代理其参与期货交易的过程。各期货公司为客户开设账户的程序及所需的文件不尽相同，但基本程序类似。投资者应选择具有法定资格、信誉好、运作规范和收费比较合理的期货公司开户。

期货交易中的“规矩”

投资者决定在一家期货公司或其营业部开户时，首先，要确保期货公司、营业部及其从业人员具有法定资格。投资者可以要求对方出示公司或营业部的工商营业执照和期货业务许可证，认真查看该执照的核发机关是否为国家工商行政管理机关，是否拥有中国证监会颁发的“证券期货业务许可证”。其次，投资者应实地考察期货公司是否有固定的经营场所，是否具备进行期货交易应必须具备的通信设施。投资者可以要求公司提供开户所需的一系列文件，包括《期货交易风险说明书》《开户申请书》《法人授权委托书》《期货经纪合同》等。对于期货公司的工作人员，投资者除了多次接触，了解其为人、业务能力和品行外，还应了解其是否具有期货从业人员资格（可以通过中国期货业协会网站查询）。

需要提醒广大投资者的是，千万别只在意某些机构的办公场所装修豪华、设施完备，根本的要看其是否具有期货业务许可证、是否取得国家工商局颁发的企业营业执照、是否有不良记录等。

投资者在经过对比、判断、选定期货公司之后，即可向该期货公司提出委托申请，开立期货账户。投资者在开户时，要认真阅读《期货交易风险说明书》，在充分认识期货风险、认真审读各项条款的基础上，与期货公司签订《期货经纪合同》，并向期货公司提供资金调拨人员和指令下达人员的身份证复印件与开户申请表，同时签字留样。需要强调的是，投资者与期货公司签订的委托交易协议书即《期货经纪合同》，明确规定期货公司与投资者之间的权利和义务。投资者应详细阅读协议书，可以在与公司充分协商下根据自己的情况，与期货公司作一些特殊并且合法合规的约定。如果是法人或机构，需要和期货公司签署下列文件并提供有关材料：

开户申请表；《期货交易风险说明书》；《期货经纪合同》；向期货公司提供有效的营业执照复印件，并提供资金调拨人员与指令下达人员的身份证复印件和签字留样、法人授权书等。

对于国有企业参与期货交易的，应按照国家有关规定办理。

在开户过程中，有几点需要特别注意：

一是投资者开立账户，应当出具合法有效的单位、个人身份证明或者其他证明材料，遵守账户实名制的有关规定，以真实身份开立账户。期货公司为投资者开立账户，应当对投资者开户信息和开户资料进行审核。开户信息和资料不真实、不准确和不完整的，期货公司不得为其办理开户手续。

二是期货公司为投资者开立期货账户前，应当向投资者出示《期货交易风险说明书》，由投资者签字确认。

三是期货公司应根据中国证监会和交易所的规定对投资者进行适当性评估，投资者有义务提供真实、完整、有效的证明材料，通过评估后投资者方能进行期货交易。

四是开立期货账户后，期货公司还需要向期货交易所为客户申请交易编码，然后客户才能参与期货交易。

此外，投资者除了可以在期货公司及其营业部开立账户外，还可以通过接受期货公司委托，为该期货公司提供中间介绍业务的证券公司开立期货账户。投资者通过证券公司介绍成为期货公司客户的，在法律关系上仍然属于该期货公司的客户。如果投资者是自然人，还可以享受互联网的便捷，通过互联网开户。需要提示您的是，互联网开户只是开户途径不同，有关客户身份识别、风险揭示和投资者适当性制度等方面的核心监管要求，与传统现场开户方式并无二致。

开立期货账户、拥有了期货交易所提供的交易编码，并按照期货公司要求完成期货保证金的入金后，就可以开始期货交易了。

小贴士

实名制要求有哪些？

- 根据《期货市场客户开户管理规定》，实名制要求包括：

● 个人客户应当本人亲自办理开户手续，签署开户资料，不得委托代理人代为办理开户手续。除中国证监会另有规定外，个人客户的有效身份证明文件为中华人民共和国居民身份证。

● 单位客户应当出具单位客户的授权委托书、代理人的身份证和其他开户证件。除中国证监会另有规定外，一般单位客户的有效身份证明文件为组织机构代码证和营业执照；证券公司、基金管理公司、信托公司和其他金融机构，以及社会保障类公司、合格境外机构投资者等法律、行政法规和规章规定的需要资产分户管理的特殊单位客户，其有效身份证明文件由中国期货市场监控中心另行规定。

● 期货经纪合同、期货结算账户中客户姓名或者名称与其有效身份证明文件中的姓名或者名称一致。

● 在期货经纪合同及其他开户资料中真实、完整、准确地填写客户资料信息。

● 期货公司应当对客户进行以下实名制审核：

● 对照有效身份证明文件，核实个人客户是否本人亲自开户，核实单位客户是否由经授权的代理人开户。

● 确保客户交易编码申请表、期货结算账户登记表、期货经纪合同等开户资料所记载的客户姓名或者名称与其有效身份证明文件中的姓名或者名称一致。

● 客户开户时，期货公司应当实时采集并保存客户以下影像资料：

- 个人客户头部正面照和身份证正反面扫描件。
- 单位客户开户代理人头部正面照、开户代理人身份证正反面扫描件、单位客户有效身份证明文件扫描件。

证券公司依法接受期货公司委托协助办理开户手续的，应当按照本规定的要求对照核实客户真实身份，核对客户期货结算账户户名与其有效身份证明文件中姓名或者名称一致，采集并留存客户影像资料，并随同其他开户资料一并提交期货公司审核开户和存档。

期货公司应当按照监控中心规定的格式要求采集并以电子文档方式在公司总部集中统一保存客户影像资料，并随其他开户材料一并存档备查。各营业部也应当保存所办理的客户开户资料及其影像资料。

期货公司不得与不符合实名制要求的客户签署期货经纪合同，也不得为未签订期货经纪合同的客户申请交易编码。

3. 为什么在开户环节特别强调风险揭示义务

可能您已经注意到了，在开立期货账户过程中，特别强调了投资者应当在《期货交易风险说明书》上签字。这是为了什么呢？我们先来看看《期货交易风险说明书》有哪些内容。

《期货交易风险说明书》是由中国期货业协会制定的，具体内容如下：

期货交易风险说明书

市场风险莫测　　务请谨慎从事

尊敬的客户：

根据中国证监会的规定，现向您提供本《期货交易风险说明书》。本说明书所称期货交易，是指采用公开的集中交易方式或者国务院期货监督管理机构批准的其他方式进行的以期货合约或者期权合约为交易标的的交易活动。您应当遵循“买卖自负”的金融市场原则，理解期货合约交易与期权合约交易的全部交易规则，认识期货交易风险，自行承担交易结果。

您在考虑是否进行期货交易时，应当明确以下几点：

一、您应当充分了解到，期货合约交易采取保证金交易方式，具有杠杆性，带有高度的风险。相对较小的市场波动，可能使您产生巨大亏损，损失的总额可能超过您存放在期货公司的全部初始保证金以及追加保证金。期权合约交易采取权利金和保证金的交易方式，如您购买期权合约可能没有任何收益，甚至损失全部投资；如您卖出期权合约，您可能发生巨额损失，这一损失可能远大于该期权的权利金，并可能超过您存放在期货公司的全部初始保证金以及追加保证金。

二、您应当充分了解到，假如市场走势对您不利导致您的账户保证金不足时，期货公司会按照期货经纪合同约定的时间和方式通知您在规定时间内追加保证金，以使您能继续持有未平仓合约。如您未于规定时间内存入所需保证金，您持有的未平仓合约将可能在亏损的情况下被强行平仓，您必须承担由此导致的一切损失。

三、您必须认真阅读并遵守期货交易所和期货公司的业务规则，如您无法满足期货交易所和期货公司业务规则规定的要求，您所持有的未平仓合约将可能根据有关规则被强行平仓，您必须承担由此产生的后果。

四、您应当充分了解到，在因市场行情波动剧烈出现单边涨跌停价格、投资者缺乏投资兴趣、流动性的变化或其他因素给某些合约市场的流动性、有效性、持续性等带来不利影响时，您可能会难以或无法将持有的未平仓期货合约或期权合约平仓。如出现这类情况，您的所有保证金有可能无法弥补全部损失，您必须承担由此导致的全部损失。

五、您应当充分了解到，由于国家法律法规、政策的变化、期货交易所交易规则的修改、紧急措施的出台等原因，您持有的未平仓合约可能无法继续持有，您必须承担由此导致的全部损失。

六、您应当充分了解到，交易所可能会对期货合约或期权合约的交易和行权（履约）进行一些限制。交易所有权根据市场需要暂停期货合约或期权合约交易，如果标的期货合约暂停交易，对应期权合约交易也将暂停交易。

七、您应当充分了解到，由于非期货交易所或者期货公司所能控制的原因，例如：地震、水灾、火灾等不可抗力因素或者计算机系统、通讯系统故障等，可能造成您的指令无法成交或者无法全部成交，您必须承担由此导致的损失。

八、您应当充分了解到，在期货交易中，所有的交易结果须以当日交易所或结算机构的结算数据为依据。如您利用盘中即时回报的交易结果作进一步的交易，您可能会承担额外的风险。

九、您应当充分了解到，期货合约交易可能面临平仓、交割等几种后果，您到时未平仓或参与交割不符合期货交易所相关业务规则规定的，需要承担被强行平仓或交割违约的风险。

十、您应当充分了解到，期权合约交易可能面临平仓、行权或期权到期放弃等几种后果，您应当熟知交易所期权平仓、行权的规则和程序，特别是有关实值期权到期自动行权，虚值期权到期自动放弃的交易规则，妥善处理期权持仓。如您买入期权，行权应该在交易所规定的时间内进行；如您卖出期权，则需要按照交易所规则承担履约责任。行权或履约后，您将获得标的期货合约，同时应当承担标的期货合约的保证金责任。

十一、您应当充分了解到，“套期保值”交易同投机交易一样，同样面临价格波动引起的风险。

十二、您应当充分了解到，如果您未遵守中国证监会关于期货保证金安全存管的规定，将可能会影响您的期货保证金的安全性。

十三、您应当充分了解到，利用互联网进行期货交易时将存在但不限于以下风险，您将承担由此导致的损失：

（一）由于无法控制和不可预测的系统故障、设备故障、通讯故障、电力故障、网络故障及其他因素，可能导致交易系统非正常运行甚至瘫痪，使您的交易指令出现延迟、中断、数据错误等情况；

（二）由于网上交易系统存在被网络黑客和计算机病毒等攻击的可能性，由此可能导致交易系统故障，使交易无法进行及行情信息出现错误或延迟；

（三）由于互联网上的数据传输可能因通信等原因出现延迟、中断、数据错误或不完全，从而使网上交易及行情出现延迟、中断、数据错误或不完全；

（四）由于您未充分了解期货交易及行情软件的实际功能、信息来源、固有缺陷和使用风险，导致您对软件使用不当，造成决策和操作失误；

（五）您的网络终端设备及软件系统与期货公司所提供的网上交易系统不兼容，可能导致无法下达委托或委托失败；

（六）如果您缺乏网上交易经验，可能因操作不当造成交易失败或交易失误；

（七）您的密码失密或被盗用。

十四、您应当充分了解到，从事期货交易您应当承担的所有手续费和相关税费的明确解释。

本《期货交易风险说明书》无法揭示从事期货交易的所有风险和有关期货市场的全部情形。您在入市交易之前，应当全面了解期货交易法律法规、期货交易所及期货公司的业务规则，全面评估自身的经济实力、产品认知能力、风险控制能力、生理及心理承受能力（仅对自然人客户而言）等，审慎决定是否参与期货交易。

以上《期货交易风险说明书》的各项内容，本人/单位已阅读并完全理解。

____

____。

（请抄写以上划线部分）

客户签字：__________

（机构加盖公章）：_______

签署日期：____年___月___日

从《期货交易风险说明书》的格式内容可以看出，期货市场虽然是一个帮助市场参与者管理风险的市场，但期货交易本身也蕴含着许多风险。投资者如果仅仅关注期货市场杠杆交易机制的便利、可能短期内获得高收益参与期货交易，而忽视期货市场高风险的一面，或者超出自己的风险承受能力参与期货交易，是不利于自己的财富安全和市场秩序的稳定的。从期货公司角度来讲，也有一些公司或者其从业人员完全从自身利益角度出发，例如为了多开发客户、多挣手续费，会过多宣传参与期货交易的好处，有意或者无意忽略向投资者揭示市场风险。尤其我国由于期货市场建立时间较短，投资者风险防范意识较差，社会普遍信用程度还有待提高，类似问题更加突出。

世界各国（地区）一般都在期货交易法律法规中明确规定，期货经纪机构对可能委托自己代为参与期货交易的人必须首先提示期货市场的高风险，这已成为各国（地区）期货交易法律法规保护期货投资者利益的一个非常重要的预防措施。例如，美国相关法律规定，期货经纪机构在接受投资者委托前必须向其说明期货市场的风险，并且要强调期货交易有高风险，否则被视为欺诈行为。

从期货市场的风险特点和我国期货市场的实际出发，并借鉴国际经验，我国期货市场很有必要在立法上明确规定入市前必须对期货投资者进行期货交易风险揭示，以保护投资者的切身利益。为此，《期货交易管理条例》第二十四条第一款明确规定："期货公司接受客户委托为其进行期货交易，应当事先向客户出示风险说明书，经客户签字确认后，与客户签订书面合同。期货公司不得未经客户委托或者不按照客户委托内容，擅自进行期货交易。"《期货公司监督管理办法》第六十四条规定："期货公司在为客户开立期货经纪账户前，应当向客户出示《期货交易风险说明书》，由客户签字确认，并签订期货经纪合同。《〈期货经纪合同〉指引》和《期货交易风险说明书》由中国期货业协会制定。"《最高人民法院关于审理期货纠纷案件若干问题的规定》第十六条也明确规定，期货公司在与客户订立期货经纪合同时，未提示客户注意《期货交易风险说明书》内容，并由客户签字或者盖章，对于客户在交易中的损失，应当依据《合同法》第四十二条第（三）项的规定承担相应的赔偿责任。

《合同法》第四十二条规定：“当事人在订立合同过程中有下列情形之一，给对方造成损失的，应当承担损害赔偿责任：（一）假借订立合同，恶意进行磋商；（二）故意隐瞒与订立合同有关的重要事实或者提供虚假情况；（三）有其他违背诚实信用原则的行为。”这说明，期货公司负有向投资者出示期货交易风险说明书的义务，也是诚实信用原则在缔约过程中的体现。如果期货公司没有向投资者充分揭示期货交易的风险就与投资者签订了期货经纪合同，则可能使投资者因不知晓期货交易的巨大风险而蒙受损失，这是违背诚实信用原则的。故意隐瞒与订立合同有关的重要事实或者提供虚假情况的行为，构成缔约过失，投资者如果因此遭受损失，有权依据《合同法》的有关规定请求期货公司予以赔偿。

因此，在开户时，期货公司必须根据该说明书的内容和格式印制《期货交易风险说明书》，并据此向投资者说明风险。期货公司未提请投资者注意《期货交易风险说明书》内容，并由投资者签字或盖章，明确已阅读并清楚理解期货交易的风险，由此造成投资者损失的，应当承担相应的责任。

不过，需要注意的是，期货公司的风险揭示义务，主要是对初次进入期货市场进行交易的投资者来说的。但从事期货交易的投资者并非都是初次进入市场者，有相当一部分客户是曾经在期货市场中从事过交易或曾为从业人员的，有的甚至还很内行。对于他们的签约、交易，没有必要完全像初次交易者一样对待。实践中，一些具有期货交易经验的客户因自身交易原因交易亏损时，为了找理由让交易所、期货公司承担责任，主张期货公司未向其进行风险揭示。此时，不能因为风险揭示书没有签字等原因，就判定交易所、期货公司承担责任。《最高人民法院关于审理期货纠纷案件若干问题的规定》也作出例外规定：根据以往交易结果记载，证明客户已有交易经历的，应当免除期货公司的责任。这意味着，只要有证据证明客户曾经参与过期货交易，或曾为期货市场从业人员的，期货公司可以免责。

4. 投资者可以参与境外期货交易吗

《期货交易管理条例》第十七条规定，期货公司业务实行许可制度，由国务院期货监督管理机构按照其商品期货、金融期货业务种类颁发许可证。期货公司除申请经营境内期货经纪业务外，还可以申请经营境外期货经纪、期货投资咨询以及国务院期货监督管理机构规定的其他期货业务。第四十二条规定：“境外期货项下购汇、结汇以及外汇收支，应当符合国家外汇管理有关规定。境内单位或者个人从事境外期货交易的办法，由国务院期货监督管理机构会同国务院商务主管部门、国有资产监督管理机构、银行业监督管理机构、外汇管理部门等有关部门制定，报国务院批准后施行。”2001 年中国证监会发布《国有企业境外期货套期保值业务管理办法》第五条规定：“中国证监会对从事境外期货业务的企业实行许可证制度。企业从事境外期货业务必须经国务院批准，并取得中国证监会颁发的境外期货业务许可证。未取得境外期货业务许可证的企业，不得从事境外期货业务。”目前，中国证监会未批准期货公司开展境外期货经纪业务。

结合期货市场现状和以上规定可以看出，目前在我国境内只有持有从事境外期货业务许可证的企业可以从事境外期货交易。在相应的管理办法出台前，我国境内的投资者在境内暂时还不能从事境外期货交易。《期货交易管理条例》第七十三条规定：境内单位或者个人违反规定从事境外期货交易的，责令改正，给予警告，没收违法所得，并处违法所得 1 倍以上 5 倍以下的罚款；没有违法所得或者违法所得不满 20 万元的，并处 20 万元以上 100 万元以下的罚款；情节严重的，暂停其境外期货交易。对单位直接负责的主管人员和其他直接责任人员给予警告，并处 1 万元以上 10 万元以下的罚款。

由于我国期货市场迄今对外开放程度有限，期货交易所、期货公司相关业务又属于需要经过批准才可以从事的特许业务，一些单位、个人未经批准在境内推介境外期货业务，甚至代理境内单位、个人从事境外期货交易的行为，涉嫌构成非法期货。《期货交易管理条例》第七十四条规定：“非法设立期货交易场所或者以其他形式组织期货交易活动的，由所在地县级以上地方人民政府予以取缔，没收违法所得，并处违法所得1倍以上5倍以下的罚款；没有违法所得或者违法所得不满20万元的，处20万元以上100万元以下的罚款。对单位直接负责的主管人员和其他直接责任人员给予警告，并处1万元以上10万元以下的罚款。非法设立期货公司及其他期货经营机构，或者擅自从事期货业务的，予以取缔，没收违法所得，并处违法所得1倍以上5倍以下的罚款；没有违法所得或者违法所得不满20万元的，处20万元以上100万元以下的罚款。对单位直接负责的主管人员和其他直接责任人员给予警告，并处1万元以上10万元以下的罚款。”

交易编码和统一开户制度

案例

客户王某在某期货公司开户从事期货交易。期货公司为王某开设了资金账户，并提供了交易编码供其使用。一日，王某在交易结算单上发现，在其资金账户内，除了自己的交易外还出现了几笔并非自己下单的成交记录，并处于亏损状态。王某于是以期货公司擅自交易为由，要求期货公司承担赔偿责任。王某的诉讼请求法院会支持吗？

案例

一天，投资者张某到某期货公司咨询开户事宜，工作人员小李负责接待。张某问道：“期货市场有限仓制度，但如果在不同期货公司开户，是不是就可以规避限仓管理？听说期货市场实行统一开户制度，具体由中国期货市场监控中心负责实施，那是不是意味着客户都需要到监控中心开户呢？”小李回答：“客户可以到多个期货公司开户，但客户在某一交易所的交易都发生在一个交易编码下，限仓管理的规定是无法规避的。我国期货市场实行统一开户，但客户仍然得到期货公司开户，仍然是期货公司的客户。”小李的回答是否正确呢？

期货交易中的“规矩”

1. 交易编码制度

我们知道，期货交易实行集中交易制度，就是所有期货交易指令必须按照价格优先、时间优先原则在场内（也就是期货交易所内）集中撮合成交，期货公司不得在场外将客户的交易指令私下对冲。为了加强市场监控，20 世纪 90 年代中期，我国部分期货交易所采取了对客户进行交易编码的制度。后来被我国期货立法肯定。随着《期货交易管理暂行条例》的施行，交易编码制度在行政法规中被固定下来，正式成为我国期货交易制度的一个重要组成部分。现行《期货交易管理条例》第二十九条规定：“期货公司应当为每一个客户单独开立专门账户、设置交易编码，不得混码交易。”《期货交易所管理办法》第七十九条规定：“期货交易实行客户交易编码制度。会员和客户应当遵守一户一码制度，不得混码交易。”《期货公司监督管理办法》第七十条规定：“期货公司应当按照规定为客户申请、注销交易编码。客户与期货公司的委托关系终止的，应当办理销户手续。期货公司不得将客户未注销的资金账号、交易编码借给他人使用。”

交易编码制度是我国期货市场极具特色的制度。所谓交易编码，是指期货公司按照交易所制定的细则为投资者编制的进行期货交易的专用代码，是交易所计算机系统进行交易、结算、交割和标准仓单确认的依据。

交易编码由会员号和投资者号两部分组成。以大连商品交易所为例，规定投资者交易编码由 12 位数字组成。前 4 位是会员号，后 8 位是投资者号，如投资者交易编码为 000200001640，则会员号为 0002，投资者号为 00001640。同时规定，一个投资者在交易所内只能有一个投资者号，但可以在不同的经纪会员（即期货公司）开户，其交易编码只能是会员号不同，而投资者号必须相同。当然，具体的编码规则是可以根据交易制度和监管需要改变的。由于一个投资者在一家交易所只有一个投资者号，该投资者无论在几家期货公司处开立账户，其交易都发生并登记在该投资者号下，因此限仓管理是无法通过在不同期货公司处开户而规避的。

实践中，尤其是在我国期货市场早期，有些期货公司出于各种原因，允许一个客户同时使用几个交易编码，或者允许几个客户共用一个交易编码，这就构成了混码交易。混码交易是一种违法行为，期货公司将为此承担行政责任。如果期货公司能够证明已经按照投资者交易指令入市交易，因投资者的交易盈亏结果与混码交易没有直接的因果关系，投资者应当承担相应的交易结果。反之，如果因为混码交易，期货公司无法证明已经将投资者的交易指令入市，则可能会因此承担交易的损失。对此，《最高人民法院关于审理期货纠纷案件若干问题的规定》第三十条规定："期货公司进行混码交易的，客户不承担责任，但期货公司能够举证证明其已按照客户交易指令入市交易的，客户应当承担相应的交易结果。"

2. 统一开户制度

与境外期货市场不同，我国期货市场还实行了统一开户制度。所谓统一开户制度，是指期货公司为客户申请、注销各期货交易所交易编码，以及修改与交易编码相关的客户资料，应当统一通过中国期货市场监控中心办理。

为加强期货市场监管，保护客户合法权益，维护期货市场秩序，防范风险，提高市场运行效率，中国证监会制定了《期货市场客户开户管理规定》。根据该规定，监控中心应当建立和维护期货市场客户统一开户系统（以下简称"统一开户系统"），期货公司为客户申请、注销各期货交易所交易编码，以及修改与交易编码相关的客户资料，应当统一通过统一开户系统进行。在这个过程中，监控中心对期货公司提交的客户资料进行复核，并将通过复核的客户资料转发给相关期货交易所。期货交易所收到监控中心转发的客户交易编码申请资料后，根据期货交易所业务规则对客户交易编码进行分配、发放和管理，并将各类申请的处理结果通过监控中心反馈期货公司。监控中心应当为每一个客户设立统一开户编码，并建立统一开户编码与客户在各期货交易所交易编码的对应关系。统一开户编码的设置，实现了我国期货市场客户开户的真正“一户一码”。

需要强调的是，监控中心实行统一开户，并不改变期货公司与客户的经纪业务关系，也不改变期货公司对客户进行实名制审核等客户管理责任。统一开户制度，主要是一种监管制度安排。通过统一开户编码的设置，监管机构可以“洞察”每一个投资者在整个期货市场的交易情况，有利于加强对跨市场违法违规行为的监察和防范跨市场的交易风险。

保证金制度

案例

投资者赵某经营钢材贸易多年，收益丰厚，在北京、上海等一线城市购置了多套房产。近期因为生意不太景气，想投资期货，但手头现金并不宽裕。某期货公司考虑到赵某的实际情况，允许其以在北京的某处房产作为保证金参与期货交易。赵某于是将该房产抵押给了期货公司。期货公司将该房产做了评估，以其价值的六折为赵某提供了融资，允许赵某以此为保证金从事期货交易。期货公司的行为是否适当？

案例

投资者孙某想参与期货交易，但听说前些年期货市场发生过期货公司高管携带客户期货保证金逃亡国外的事件，十分担心。一天，他向一位了解期货市场的朋友咨询，朋友告诉他，那都是“老黄历”了，现在期货市场监管十分严格，不仅不会发生期货公司挪用客户保证金的事情，而且因期货公司风险控制不力给客户造成的保证金损失，国家还会补偿呢。孙某可以相信这位朋友的话吗？

期货交易中的“规矩”

1. 保证金是什么

期货交易实行保证金交易。简言之，投资者在期货市场买卖期货，除非最后参与交割，并不用支付货物的全部价款，而只需按照其所买卖期货合约价值的一定比例（通常为 5% ~10%）缴纳资金即可。投资者缴纳的这笔资金，就是期货保证金，主要用于结算和保证履约。

在期货交易中，客户必须由期货公司代理才可以进行期货交易。期货交易中的保证金是分级收取的，即期货交易所向作为其会员的期货公司收取保证金，期货公司向客户收取保证金。如此收取的保证金分别称为会员保证金和客户保证金。会员保证金又分为结算准备金和交易保证金。结算准备金是指会员为了交易结算，在交易所专用结算账户中预先准备的资金，是未被合约占用的保证金。交易保证金是指会员在交易所专用结算账户中确保合约履行的资金，是已被合约占用的保证金。当买卖双方成交后，交易所按照持仓合约价值的一定比率向双方收取交易保证金。交易所并不直接向投资者收取保证金。客户保证金是客户为期货交易向期货公司缴纳的资金。实践中，客户存入期货公司的资金，无论是否已用于交易和结算准备使用，只要在保证金专用账户存放，习惯上都称为“保证金”。

《期货交易管理条例》规定，期货交易所向会员收取的保证金属于会员所有，期货公司向客户收取的保证金属于客户所有。这样的规定看似矛盾，但在法律关系上是有意义的。这是因为期货交易是严格的分层结算，即期货交易所对会员结算，会员对客户结算，期货交易所与客户之间是没有直接的结算法律关系的。只是由于从行纪交易组织形式出发，相对于期货交易所而言，期货公司会员所缴纳的投资者用于交易结算的资金为会员保证金。因此，才会出现类似“双重所有”的规定。在期货公司不允许以自有资金自营的情况下，无论名义上区分为会员保证金还是客户保证金，保证金的最终所有权都是投资者所有的。

期货交易中，期货合约的保证金标准是由期货交易所根据合约特点设定的。一般在期货合约中有一个名为“交易保证金”或者“最低交易保证金”的条款，规定该期货合约交易中的最低交易保证金标准。期货交易所还会根据期货合约上市运行的不同阶段、期货合约的持仓量、期货合约出现连续涨跌停板等情形，规定不同的交易保证金标准。一般来说，为了防范市场风险，距离交割月份越近，保证金标准会越高；合约持仓量越大，保证金标准会越高；合约出现连续涨跌停板时，保证金标准会提高。此外，在交易过程中，期货交易所还可以根据市场风险状况等调节保证金标准。在交易过程中的保证金标准及其调整情况，一般规定于各期货交易所风险控制管理办法中。

期货交易所规定的保证金标准，适用于交易所向其会员收取保证金时。期货公司向客户收取的保证金标准，期货公司一般会在《期货经纪合同》中与客户进行约定。期货公司收取的保证金标准一般会高于期货交易所规定的水平。而且，根据客户的资信等情况不同，期货公司是可以对不同客户设定不同的保证金水平的。但无论如何，期货公司向客户收取的保证金标准，不得低于期货交易所规定的标准，否则就有可能构成透支交易。

2. 保证金必须是货币资金吗

《期货交易管理条例》规定，期货交易者按照规定交纳的资金或者提交的价值稳定、流动性强的标准仓单、国债等有价证券，均属于保证金。可见，除了货币资金，投资者还可以以标准仓单、国债等有价证券用作保证金。不过，并不是所有有价证券都可以用作保证金的。提交有价证券作为保证金的，还需要遵守以下规则：

首先，有价证券的种类由中国证监会规定。《期货交易所管理办法》第七十一条第一款规定，期货交易所可以接受以下有价证券充抵保证金：

- 经期货交易所认定的标准仓单；
- 可流通的国债；
- 中国证监会认定的其他有价证券。

实践中，用作保证金的主要是期货交易所的标准仓单。此外，2015 年 1 月，中国金融期货交易所在国债期货产品上开展了国债作为期货保证金试点，并在 2019 年初将适用范围扩展至所有金融期货品种。

其次，以有价证券充抵保证金的，充抵的期限不得超过该有价证券的有效期限。标准仓单充抵保证金的，期货交易所以充抵日前一交易日该标准仓单对应品种最近交割月份期货合约的结算价为基准计算价值。国债充抵保证金的，期货交易所以充抵日前一交易日该国债在上海证券交易所、深圳证券交易所较低的收盘价为基准计算价值。期货交易所可以根据市场情况对用于充抵保证金的有价证券的基准计算价值进行调整。

再次，有价证券并不能全额用作保证金。有价证券充抵保证金的金额不得高于以下标准中的较低值：

- 有价证券基准计算价值的 80%；
- 会员在期货交易所专用结算账户中的实有货币资金的 4 倍。

最后，期货交易的相关亏损、费用、货款和税金等款项，应当以货币资金支付，不得以有价证券充抵的金额支付。

此外，客户以有价证券充抵保证金的，期货公司应当将收到的有价证券提交期货交易所。客户以有价证券充抵保证金的，期货交易所应当将用于充抵的有价证券的种类和数量如实反映在该客户的交易编码下。

从以上规定也可以看出，保证金不必然是货币资金，但也仅限于货币资金和符合一定条件的有价证券。房产等财产，由于其不易变现，不适合、不能用作期货保证金。

3. 客户保证金是安全的吗

一些投资者，甚至一些大的机构客户，会担心其保证金的安全。那么，这种担心是否有必要呢？客户的保证金究竟是否安全呢？

首先，保证金可能被挪用吗？

《期货交易管理条例》第二十八条规定，期货交易应当严格执行保证金制度。期货交易所向会员、期货公司向客户收取的保证金，不得低于国务院期货监督管理机构、期货交易所规定的标准，并应当与自有资金分开，专户存放。期货交易所向会员收取的保证金，属于会员所有，除用于会员的交易结算外，严禁挪作他用。期货公司向客户收取的保证金，属于客户所有，除下列可划转的情形外，严禁挪作他用：

- 依据客户的要求支付可用资金；
- 为客户交存保证金，支付手续费、税款；
- 国务院期货监督管理机构规定的其他情形。

客户的期货保证金在性质上与银行存款不同。银行的储蓄资金是储户和银行之间建立的一种资金借贷关系，银行可以将储蓄资金用于放款等用途，但期货交易保证金则不能擅自使用。

《期货交易管理条例》规定，期货交易所、期货公司必须为会员、客户的保证金单独开设专门资金账户专户存放，且不得挪作他用。对于客户的保证金而言，由于保证金为客户所有，只能用于期货合约交易及与之相关的特定用途，没有客户的授权，期货公司不得擅自动用。需要特别介绍的是，我国期货市场设立了中国期货市场监控中心，负责对客户期货保证金的安全进行全面监控。期货交易每日闭市后，监控中心逐日逐笔查验期货公司资金、交易等结算资料的真实性，检查期货公司是否存在保证金缺口以及透支等。

期货公司一旦发生挪用、占用客户保证金的行为，会被及时发现。监控中心成立于2006年，自此以后，我国期货市场早期频频发生的期货公司挪用客户保证金的严重违法行为就销声匿迹了。换言之，期货市场的投资者再也不用担心自己的保证金被挪用了！

其次，保证金可能被保全和执行吗？

根据《最高人民法院关于审理期货纠纷案件若干问题的规定》第五十九条、第六十条、第六十一条，期货交易所、期货公司为债务人的，人民法院不得冻结、划拨期货公司在期货交易所或者客户在期货公司保证金账户中的资金。有证据证明该保证金账户中有超出期货公司、客户权益资金的部分，期货交易所、期货公司在人民法院指定的合理期限内不能提出相反证据的，人民法院可以依法冻结、划拨该账户中属于期货交易所、期货公司的自有资金。期货公司为债务人的，人民法院不得冻结、划拨专用结算账户中未被期货合约占用的用于担保期货合约履行的最低限额的结算准备金；期货公司已经结清所有持仓并清偿客户资金的，人民法院可以对结算准备金依法予以冻结、划拨。期货公司有其他财产的，人民法院应当依法先行冻结、查封、执行期货公司的其他财产。客户、自营会员为债务人的，人民法院可以对其保证金、持仓依法采取保全和执行措施。

当期货交易所、期货公司作为债务人时，期货公司在交易所或客户在期货公司保证金账户中的资金，其所有权属于期货公司或客户。即使是在人民法院强制执行时，也不得任意冻结、划拨。但如果有证据证明该保证金账户中有超出期货公司、客户权益资金的部分，而期货交易所、期货公司在人民法院指定的合理期限内又不能提出相反证据的，人民法院可以冻结、划拨该账户中属于期货交易所、期货公司的自有资金。

4. 因期货公司风险控制不力导致的客户保证金损失会得到补偿吗

为保护期货投资者的合法权益，我国期货市场建立了期货投资者保障基金（以下简称“保障基金”）。保障基金是在期货公司严重违法违规或者风险控制不力等导致保证金出现缺口，可能严重危及社会稳定和期货市场安全时，补偿投资者保证金损失的专项基金。

保障基金的启动资金由期货交易所从其积累的风险准备金中按照截至2006年12月31日风险准备金账户总额的15%缴纳形成。后续资金主要从期货交易所按其向期货公司会员收取的交易手续费以及期货公司收取的交易手续费中提取。2016年11月修改的《期货投资者保障基金管理办法》规定，保障基金的规模应当与期货市场的发展状况、市场风险水平相适应。保障基金的后续资金缴纳比例，由中国证监会和财政部确定，并可根据期货市场发展状况、市场风险水平等情况进行调整。当出现保障基金总额足以覆盖市场风险，或者期货交易所、期货公司遭受重大突发市场风险或者不可抗力情形时，经中国证监会、财政部批准，期货交易所、期货公司可以暂停缴纳保障基金。

期货公司因严重违法违规或者风险控制不力等导致保证金出现缺口的，中国证监会可以依法决定使用保障基金，对不能清偿的投资者保证金损失予以补偿。对期货投资者的保证金损失，保障基金按照下列原则予以补偿：

- 对每位个人投资者的保证金损失在10万元以下（含10万元）的部分全额补偿，超过10万元的部分按90%补偿；
- 对每位机构投资者的保证金损失在10万元以下（含10万元）的部分全额补偿，超过10万元的部分按80%补偿。

现有保障基金不足补偿的，由后续缴纳的保障基金补偿。

使用保障基金前，中国证监会和保障基金管理机构应当监督期货公司核实投资者保证金权益及损失，积极清理资产并变现处置，应当先以期货公司的自有资金和变现资产弥补保证金缺口。不足弥补或者情况危急的，方能决定使用保障基金。

期货交易活动实行公开、公平、公正和投资者投资决策自主、投资风险自担的原则。投资者在期货投资活动中因期货市场波动或者投资品种价值本身发生变化所导致的损失，由投资者自行负担。对投资者因参与非法期货交易而遭受的保证金损失，保障基金不予补偿。

中国证监会、财政部指定中国期货市场监控中心为保障基金管理机构。保障基金实行独立核算，分别管理，并与保障基金管理机构管理的其他资产有效隔离。保障基金的资金运用限于银行存款、购买国债、中央银行债券（包括中央银行票据）和中央级金融机构发行的金融债券，以及中国证监会和财政部批准的其他资金运用方式。

期货公司因严重违法违规或者风险控制不力等导致保证金出现缺口的，中国证监会根据《期货交易管理条例》对其进行处罚，吊销期货业务许可证。涉嫌犯罪的，依法移送司法机关。

从以上规定可以看到，期货市场客户的保证金不安全确实已经成为“老黄历”了！

期货结算制度和交割制度

案例

投资者小钱和小王交流学习期货知识的心得。

小钱：期货投资和股票投资大同小异，都是“低买高卖”。

小王：有相似的地方，但也有不同。比如，期货可以“卖空”，这时就是“高卖低买”了。

小钱：是啊！这就是期货交易中所谓的对冲平仓、双向交易吧。还有一点，期货交易是每天结算，输赢当天一把清！

小王：股票交易也是每天结算啊。不同的是期货交易是保证金交易，每天结算的时候要重新计算收取保证金的多少，多退少补。

小钱：是啊，股票交易买了之后，无论涨跌，除了再购买新的股票，都不需要再追加资金。期货交易中，除了按照标准留够保证金，交易中赚到的钱可以拿走。当然，要是亏得不够交保证金了，还得再入金补足呢！

小王：是这样的！不过，准确地说，虽然股票交易也是每天结算，但和期货交易还是有所不同的。股票交易每次结算，是一手交钱，一手交货，银货两清。期货交易中，每天结算，只是重新计算了应当缴纳的保证金，所买的货物所有权并没有转移。

小钱：是的。在期货交易中，只有到了交割，才是真正的“钱货两清”呢！

上面这段对话中，小钱和小王除了讨论了期货交易的特点，还谈到了期货交易的结算和交割问题。

1. 期货交易中的结算

所谓期货交易的结算，是指根据交易所公布的结算价格对交易双方的交易结果进行资金清算和划转的过程。期货交易结算实行分级结算，交易所对会员进行结算后，期货公司会员再对其代理的投资者进行结算。结算的具体程序和内容与期货交易所大体相同，只不过期货公司对客户的结算要等到交易所对会员结算完毕之后，且必须根据期货交易所的结算结果对客户进行结算。

《期货交易管理条例》第三十三条规定，期货交易的结算，由期货交易所统一组织进行。期货交易所实行当日无负债结算制度。期货交易所应当在当日及时将结算结果通知会员。期货公司根据期货交易所的结算结果对客户进行结算，并应当将结算结果按照与客户约定的方式及时通知客户。客户应当及时查询并妥善处理自己的交易持仓。《期货交易管理条例》第三十三条确立了期货结算制度的基本内容。

期货交易中，期货交易所履行为期货交易提供集中履约担保的职责。因此，期货交易达成后，由期货交易所负责在交易双方的保证金账户内进行盈亏划转，才能在制度上保证期货交易所作为期货交易最终履约担保人的地位。世界各国期货结算的组织主要有两种形式：一种是由独立于期货交易所的结算公司承担结算职责；一种是由设置于期货交易所内部的结算部门来承担结算职责。目前，我国4家期货交易所采用的都是后一种方式，期货结算全部集中在期货交易所统一进行，交易所在履约担保、控制和承担结算风险方面集中承担责任。为了给将来结算制度创新留出空间，《期货交易管理条例》第八十二条规定，国务院期货监督管理机构可以批准设立期货专门结算机构，专门履行期货交易所的结算以及相关职责，并承担相应法律责任。

期货结算制度中，最核心的是当日无负债结算制度。所谓当日无负债结算制度，就是在当日期货交易收市后，计算出该交易日或者时段的结算价，然后再根据当日交易的结算价，计算交易盈亏；再根据结果，通知亏损的交易者及时追加保证金，盈余的将盈余资金划入其账户。结算价计算方法一般为当日或者一定交易时间内合约成交价格按照交易量的加权平均价。《期货交易管理暂行条例》时使用的表述是“每日结算制度”，2007 年修改为《期货交易管理条例》时，表述调整为了“当日无负债结算制度”，旨在为将来期货交易一日结算多次留下制度空间。

2. 期货交易中的交割

期货交易中的交割，是指期货合约到期后，未平仓的买卖双方根据期货交易所的规则和程序，通过该期货合约所载标的物所有权的转移，或者按照规定结算价格进行现金差价结算，将该到期未平仓合约进行了结的过程。可以说，在交割来临之前，期货交易是真正的期货交易，保证金交易是其主要特点；在交割来临之时，期货交易便回归为了现货交易，买方补足货款，卖方备好货物，买卖双方一手交钱、一手交货、银货两清。

期货交割可以分为实物交割和现金交割两大类。前者主要用于商品期货的交割，后者主要用于金融期货的交割。当然，商品期货也可以采用现金交割，金融期货也可以采用实物交割，如国债期货。

期货交易的交割，如同结算一样，由期货交易所统一组织进行。

交割是期货交易过程的一个重要环节，也是最后一个环节。交割作为期货市场联结现货市场的纽带，是发挥期货市场发现价格和套期保值功能不可或缺的前提。如果没有了交割，期货交易和现货交易就成了“两张皮”，两者之间失去了必然的联系。期货价格也就不再与现货价格有所关联，而成了无线的风筝，可以天马行空任驰骋，但也因此失去了服务实体经济的功能。

在期货交易中，交易者绝大多数的持仓在合约到期前就都平仓了。选择交割的是少数。需要注意的是，当前，自然人投资者不能参与商品期货交割。

上述对话中，小钱和小王对期货结算和交割的认识，是正确的。

期货交易过程中责任的承担

1. 不当执行客户交易指令

案例

客户孙某在某期货公司开户从事期货交易。一日，孙某查询自己的交易记录，发现其中有数笔交易与自己当时交易指令不一致：有的成交时间不一致，有的成交价格不一致，还有几笔根本就不是自己的成交；其交易结果有赚钱的，也有亏损的。对此，客户孙某可以要求期货公司承担什么责任？

《期货交易管理条例》和《期货公司监督管理办法》规定，在期货交易中，投资者可以通过书面、电话、计算机、网上委托等方式下达交易指令。以书面方式下达交易指令的，投资者应当填写书面交易指令单；以电话方式下达交易指令的，期货公司必须同步录音；以计算机、网上委托以及其他方式下达交易指令的，期货公司应当保存能够证明交易指令内容的记录。网上委托指期货公司通过互联网，向投资者提供的用于下达期货交易指令的委托方式。期货公司为投资者提供网上委托服务的，应当建立网上交易风险管理制度，并对投资者进行网上交易风险的特别提示。期货公司不得未经客户委托或者不按照客户委托内容，擅自进行期货交易。

期货公司与客户签订的期货经纪合同对下达交易指令的方式未作约定或者约定不明确的，期货公司不能证明其所进行的交易是依据客户交易指令进行的，对该交易造成客户的损失期货公司应当承担赔偿责任，客户予以追认的除外。

期货公司执行非受托人的交易指令造成客户损失，应当由期货公司承担赔偿责任，非受托人承担连带责任，客户予以追认的除外。客户下达的交易指令没有品种、数量、买卖方向的，期货公司未予拒绝而进行交易造成客户的损失，由期货公司承担赔偿责任，客户予以追认的除外。

客户下达的交易指令数量和买卖方向明确，没有有效期限的，应当视为当日有效；没有成交价格的，应当视为按市价交易；没有开平仓方向的，应当视为开仓交易。

期货公司错误执行客户交易指令，除客户认可的以外，交易的后果由期货公司承担，并按下列方式分别处理：

- 交易数量发生错误的，多于指令数量的部分由期货公司承担，少于指令数量的部分由期货公司补足或者赔偿直接损失。
- 交易价格超出客户指令价位范围的，交易差价损失或者交易结果由期货公司承担。

期货公司不当延误执行客户交易指令给客户造成损失的，应当承担赔偿责任，但由于市场原因致客户交易指令未能全部或者部分成交的，期货公司不承担责任。

期货公司超出客户指令价位的范围，将高于客户指令价格卖出或者低于客户指令价格买入后的差价利益占为己有的，客户可以要求期货公司返还，期货公司与客户另有约定的除外。

上述案例中，期货公司不当延误执行客户孙某交易指令给孙某造成损失的，应当承担赔偿责任。期货公司错误执行孙某的交易指令，除了被孙某追认外，交易的后果由期货公司承担。

2. 全权委托

案例

客户张某在甲期货公司开户从事期货交易。交易过程中，张某感觉期货行情瞬息万变。有时明明预测对了行情，但由于操作不及时失去了赚钱机会。在交流中，张某感觉期货公司工作人员小李对行情分析得比较准确，且为人机灵、可靠。张某于是萌发了将自己的账户委托给小李进行操作的想法。张某的想法是否可行呢？

案例

客户李某在乙期货公司开户时，乙期货公司在客户须知、期货经纪合同中，明确告知李某公司禁止本公司员工接受客户的全权委托交易。但李某开户后，私下全权委托乙期货公司员工小王帮其交易。交易发生亏损后，客户李某以小王是期货公司工作人员为由，要求乙期货公司承担赔偿责任。如果客户李某诉至法院，他的请求会得到支持吗？

期货交易由于专业性较强，且是“T+0”交易，当天可以反复开平仓，一些非职业的投资者在操作中感觉压力较大。于是，有的客户想找专业的人员代其操作。客户是可以通过委托他人代理其下达指令，进行期货交易的。委托期货公司从业人员以外的人员作为指定下单人，是基于信任关系建立的一般民事代理关系，只要符合代理一般要件即可。而委托期货公司或其从业人员作为指定下单人则构成全权委托，全权委托是违反《期货交易管理条例》有关规定的，是无效的。所谓全权委托，是指客户下达的交易指令不具体指明委托的内容，而是概括性地要求期货公司根据需要随时进行交易，即客户授权期货公司及其工作人员代自己决定交易指令内容。

全权委托主要表现为：一是客户给期货公司及其工作人员的委托具有概括性。投资者与期货公司达成的委托协议不要求就每次的具体期货交易再下达交易指令，期货公司及其工作人员可以视情况代理其从事期货交易。二是期货公司及其工作人员代理具体期货交易无须投资者的具体意思表示。根据客户的授权，期货公司及其工作人员能够根据对市场行情的判断，就具体的期货交易独立下达指令，代投资者从事期货交易。

我国期货交易开展的历史尚短，期货从业人员的素质总体上不高，期货公司和从业人员的收入主要来源于代理客户期货交易的手续费收入。收入的多少由具体下达交易指令人员进行交易的交易量和交易次数决定。如果允许客户全权委托期货公司及其工作人员代其操作期货交易，有可能会出现期货公司及其工作人员为追逐手续费收入而进行“炒单”，从而牺牲客户利益的情况。20 世纪 90 年代初期，一些不法机构为牟取暴利大量采取全权委托手段，有的公司甚至根本不允许投资者自己进行交易，鼓励经纪人大量“炒单”，引发了大量经济纠纷，严重损害了投资者的利益。

为促进期货市场的长期发展，切实维护投资者利益，我国有关行政规章以及交易所规则从来都明确禁止全权委托，不承认全权委托的效力。1994 年，国务院证券委（已并入中国证监会）颁布的《期货经营机构从业人员管理暂行办法》（证委发〔1994〕26 号）第二十条明确规定：“从业人员不得接受投资者的期货交易全权委托。”

《期货交易管理条例》第二十四条规定，期货公司不得未经客户委托或者不按照客户委托内容，擅自进行期货交易。第二十六条规定，客户的交易指令应当明确、全面。期货公司不得隐瞒重要事项或者使用其他不正当手段诱骗客户发出交易指令。从这些规定精神来看，全权委托与交易指令必须明确、全面的规定是相悖的，因此应当是被禁止的。我国期货市场发展中的历史教训也说明，期货公司接受投资者全权委托进行期货交易，极易发生风险，弊端很多，投资者的利益因指令内容不明确而难以得到保障。

全权委托的损失由谁承担的问题，也有不同意见。一种意见认为应由期货公司及其工作人员承担，理由是既然法律已经规定期货经纪机构及其工作人员不得接受投资者的全权委托，依旧从事了这一法律禁止的行为，所产生的法律后果应由期货公司及其工作人员负责。另一种意见认为，全权委托产生的亏损应由投资者承担，理由是全权委托期货公司及其工作人员代理其操作具体的交易毕竟是投资者真实的意思表示，即投资者愿意承担期货交易的任何结果，全权委托的结果可能是盈利也可能是亏损。从公平角度说，投资者既然能享受全权委托带来的盈利，也应承担全权委托造成的亏损。我国期货法规和规章禁止全权委托的行为是全面的，既禁止投资者全权委托期货公司及其工作人员，也禁止期货公司及其从业人员接受全权委托。如果出现了全权委托的情况，则双方都有过错。根据《民法总则》，在民事行为中各方都有过错的，应当各自承担相应的责任。因此，对全权委托产生的损失，期货公司和投资者应当根据双方的过错大小承担各自的民事责任。《最高人民法院关于审理期货纠纷案件若干问题的规定》第十七条规定，期货公司接受客户全权委托进行期货交易的，对交易产生的损失承担主要赔偿责任，赔偿额不超过损失的80%，法律、行政法规另有规定的除外。

但是，如果期货公司在开户时已经明确告知客户，禁止本公司员工接受客户的全权委托交易，客户仍然私下全权委托公司员工交易的，期货公司员工的行为并不是期货公司的行为，期货公司对员工的行为并不承担责任。

因此，上述两个案例中，客户张某的想法是不可行的，而客户李某的请求法院是不会支持的。

3. 透支交易

案例

某日，期货行情波动较大。客户孔某在交易中产生较大亏损，其保证金数额无法达到期货公司规定的标准。期货公司发出追保通知后，孔某无法按时足额缴纳保证金。考虑到孔某信用状况一向良好，期货公司暂时为孔某保留持仓，允许其继续交易。第二日，行情继续向不利于孔某持仓的方向发展。期货公司通知孔某，如果再不能按照要求补足保证金，将对其持仓按规定强行平仓。孔某接到通知后向期货公司书面保证，并请其朋友方某担保，将在三天内补足保证金。期货公司于是允许其继续持仓，但不得再开新仓。期货公司的做法合适吗？

期货交易由于采用保证金交易机制，投资者一旦在交易中发生亏损导致其保证金无法满足期货经纪合同约定标准，期货公司便会要求其追加保证金。但是，要求期货公司追加保证金是期货公司的权利还是义务呢？如果期货公司允许客户在保证金不足的情况下继续持仓或者开新仓，对客户最终发生的亏损，期货公司是否承担责任呢？

此时，我们要谈到一个概念——透支交易。所谓透支交易，是指期货交易所或期货公司在期货公司或客户没有保证金或保证金不足的情况下，允许期货公司或客户开仓交易或者继续持仓。准确理解透支交易，需要把握以下几点：

- 透支交易的主体可以是期货交易所对期货公司，也可以是期货公司对其客户；
- 具有期货公司或客户没有保证金或保证金不足的情况，而且审查期货公司或者客户是否透支交易，应当以期货交易所规定的保证金比例为标准；
- 期货交易所或期货公司允许期货公司或客户开仓交易或者继续持仓。

三个条件同时存在才构成透支交易。

当期货公司或客户没有保证金或保证金不足时，期货交易所或期货公司仍允许其开仓交易或者继续持仓，本质上是一种融资行为。透支交易中的融资行为与一般融资行为有共性，即期货交易所或期货公司允许期货公司或客户使用的均是非属使用者所有的资金。同时，透支交易的融资行为与一般融资行为相比又有其特殊性。一般融资行为的出借方是将自己所有或者法律上认定为其所有的资金借给借入方使用；期货透支交易的出借方出借的经常是其他期货交易者的资金，而非出借方所有的资金。此外，一般融资行为的出借方事先要将实际的融资资金交付给借入方，由借入方对融资资金实际控制、占有并使用；期货透支交易的出借方一般不事先将实际的融资资金交给借入方占有，而仍然在交易所的结算账户中，由出借方实际控制，当交易发生实际亏损后才将资金融给借入方，以填补实际亏损。我国实行金融业务专营制度，只有经国家批准的金融机构才能从事融资信贷业务。因此，期货中的透支交易是一种违法行为。有关法规和行业监管部门的规章都严格禁止。

透支交易的存在加大了投资者的市场风险，一旦发生亏损，产生纠纷后到法院诉讼的情况经常发生。期货交易特有的保证金制度，使得投资者可以根据杠杆原理，以小搏大。这既是期货交易的魅力所在，也是其高风险特色的根源。而透支交易使得这种原本存在的高风险进一步扩大。在进行透支交易时，期货公司是一种片面的逐利心态，甚至是不正当竞争的心态，而投资者是一种豪赌心态。这两种情绪都不是正常投资者在充分考虑市场风险后理智的选择。同时，一旦由于透支交易引起投资者穿仓，就威胁到了其他投资者存托在期货公司保管的资金，从而损害了其他投资者的利益，也就损害了期货市场秩序。《期货交易管理条例》第六十六条规定，允许客户在保证金不足的情况下进行期货交易的，应当责令改正，给予警告，没收违法所得，并处违法所得 1 倍以上 3 倍以下的罚款；没有违法所得或者违法所得不满 10 万元的，并处 10 万元以上 30 万元以下的罚款；情节严重的，责令停业整顿或者吊销期货业务许可证。对直接负责的主管人员和其他直接责任人员给予警告，并处1万元以上5万元以下的罚款；情节严重的，暂停或者撤销期货从业人员资格。

对于透支交易的法律责任承担，《最高人民法院关于审理期货纠纷案件若干问题的规定》规定，期货公司的交易保证金不足，期货交易所未按规定通知期货公司追加保证金的，由于行情向持仓不利的方向变化导致期货公司透支发生的扩大损失，期货交易所应当承担主要赔偿责任，赔偿额不超过损失的60%。客户的交易保证金不足，期货公司未按约定通知客户追加保证金的，由于行情向持仓不利的方向变化导致客户透支发生的扩大损失，期货公司应当承担主要赔偿责任，赔偿额不超过损失的80%。期货交易所允许期货公司开仓透支交易的，对透支交易造成的损失，由期货交易所承担主要赔偿责任，赔偿额不超过损失的60%。期货公司允许客户开仓透支交易的，对透支交易造成的损失，由期货公司承担主要赔偿责任，赔偿额不超过损失的80%。期货交易所允许期货公司透支交易，并与其约定分享利益，共担风险的，对透支交易造成的损失，期货交易所承担相应的赔偿责任。期货公司允许客户透支交易，并与其约定分享利益，共担风险的，对透支交易造成的损失，期货公司承担相应的赔偿责任。

《最高人民法院关于审理期货纠纷案件若干问题的规定》还对保留持仓问题作了规定。期货公司的交易保证金不足，期货交易所履行了通知义务，而期货公司未及时追加保证金，期货公司要求保留持仓并经书面协商一致的，对保留持仓期间造成的损失由期货公司承担，穿仓造成的损失由期货交易所承担。客户的交易保证金不足，期货公司履行了通知义务而客户未及时追加保证金，客户要求保留持仓并经书面协商一致的，对保留持仓期间造成的损失，由客户承担；穿仓造成的损失，由期货公司承担。

保留持仓的规定体现了尊重当事人的意思自治的司法解释立法精神，主要是考虑到仓位是客户的，只要亏的是客户自己的钱，应当允许客户自己做主处理。控制风险是必要的，但同时还应强调意思自治的重要性。但是，并不是当事人所有的约定，人民法院均会在判决中予以认可和支持。比如，《最高人民法院关于审理期货纠纷案件若干问题的规定》第三十三条明确规定，穿仓造成的损失由允许方承担，就是提醒交易所、期货公司不能放弃自己应履行的风险控制和管理职责，不应在经济利益上一味迁就客户，要对整个市场安全负责。

4. 强行平仓

案例

在上一案例中，当客户孔某在交易中发生较大亏损，其保证金数额无法达到期货公司规定的标准，且孔某无法按时足额缴纳保证金时，期货公司可以怎么办呢？如果孔某的保证金标准不仅低于期货公司规定的标准，还低于期货交易所规定的标准，期货公司可以选择的做法又有什么不同呢？

强行平仓是期货交易中非常有特色的一项制度。尤其熟悉股票交易的投资者，对此应当予以充分关注。投资者在期货交易中买入期货合约或者卖出期货合约后，在将所持有的合约对冲平仓前，其持有合约的状态被称为持仓，其所持有的合约被通俗地称为“仓位”或者“头寸”。

与股票持有者在理论上可以无期限地持有股票不同，投资者持有的期货合约是无法长期持有的。一是因为期货合约本身都是有期限的，合约到期时必须交割；二是投资者的持仓可能因为一些原因被强行平仓。

强行平仓的情形一般包括：

- 保证金不足，并未能在规定的时间内补足；
- 持仓超出持仓限额标准，并未能在规定的时间内平仓；
- 因违规受到期货交易所强行平仓处罚；
- 根据期货交易所的紧急措施应当强行平仓的。

实践中，因为保证金不足被强平的情形最多。

《期货交易管理条例》第三十四条规定：“期货交易所会员的保证金不足时，应当及时追加保证金或者自行平仓。会员未在期货交易所规定的时间内追加保证金或者自行平仓的，期货交易所应当将该会员的合约强行平仓，强行平仓的有关费用和发生的损失由该会员承担。客户保证金不足时，应当及时追加保证金或者自行平仓。客户未在期货公司规定的时间内及时追加保证金或者自行平仓的，期货公司应当将该客户的合约强行平仓，强行平仓的有关费用和发生的损失由该客户承担。”

保证金制度是保障期货市场稳健运行的基础。保证金是一项履约担保金，目的在于防止交易者违约，确保合约的履行。我国期货交易中，除期权合约的买方外，所有的买方和卖方均须交存保证金后方能进入期货市场交易。期货交易所对会员的保证金收取标准由期货交易所规定，一般最低交易保证金标准规定在期货合约中。期货公司可以在交易所规定的保证金之上，与客户约定一个高于交易所规定标准的保证金比例。例如，合约规定保证金的收取比例为5%，期货公司可以与客户约定保证金比例为8%。

每日交易结束后，交易所根据会员账户内所持有合约的数量及合约的结算价进行结算，并根据结算结果进行相应资金清算和划转。期货公司根据与客户约定的保证金标准，按照期货交易所公布的结算价对客户进行结算。如果会员、客户的保证金低于规定的水平，期货交易所、期货公司将分别向期货公司、客户发出保证金追缴通知书，要求其在规定的时间内补足账户内的保证金。如果期货公司、客户未能在规定时间内按照要求补足保证金，期货交易所应当将该期货公司相当于不足保证金的部分的持仓予以平仓，期货公司应当将该客户相当于不足保证金的部分的持仓予以平仓。

强行平仓制度是维系期货市场安全运行的重要制度。对于期货交易所、期货公司而言，对保证金不足的持仓进行强平是其应尽的义务。但有一个例外。如上所述，在实务中，期货公司可以在交易所规定的保证金标准之上，与客户约定一个保证金比例。如果客户的保证金水平在期货交易所规定的保证金标准之上，在期货公司规定的保证金标准之下，此时，期货公司对客户的持仓有权按约定采取强行平仓措施。也就是说，强行平仓措施对于期货公司在规定的比例之上时是权利，达到规定以下时则是义务。换句话讲，强行平仓的法律性质具有“权利转义务”的特征。

《最高人民法院关于审理期货纠纷案件若干问题的规定》“七、强行平仓责任”对强行平仓的法律责任承担进行了详尽的规定：

期货公司的交易保证金不足，又未能按期货交易所规定的时间追加保证金的，按交易规则的规定处理；规定不明确的，期货交易所有权就其未平仓的期货合约强行平仓，强行平仓所造成的损失由期货公司承担。客户的交易保证金不足，又未能按期货经纪合同约定的时间追加保证金的，按期货经纪合同的约定处理；约定不明确的，期货公司有权就其未平仓的期货合约强行平仓，强行平仓造成的损失由客户承担。

期货交易所因期货公司违规超仓或者其他违规行为而必须强行平仓的，强行平仓所造成的损失由期货公司承担。期货公司因客户违规超仓或者其他违规行为而必须强行平仓的，强行平仓所造成的损失由客户承担。

期货公司或者客户交易保证金不足，符合强行平仓条件后，应当自行平仓而未平仓造成的扩大损失，由期货公司或者客户自行承担。法律、行政法规另有规定或者当事人另有约定的除外。

期货交易所或者期货公司强行平仓数额应当与期货公司或者客户需追加的保证金数额基本相当。因超量平仓引起的损失，由强行平仓者承担。

期货交易所对期货公司、期货公司对客户未按期货交易所交易规则规定或者期货经纪合同约定的强行平仓条件、时间、方式进行强行平仓，造成期货公司或者客户损失的，期货交易所或者期货公司应当承担赔偿责任。

期货交易所依法或依交易规则强行平仓发生的费用，由被平仓的期货公司承担；期货公司承担责任后有权向有过错的客户追偿。期货公司依法或依约定强行平仓所发生的费用，由客户承担。

5. 客户对交易结果的确认

客户小王在某期货公司开户进行期货交易。由于平常工作十分繁忙，且小王认为近期某期货品种的价格长期看涨，他在开仓买入一笔该期货合约后，就像买入股票一样放在账户里等着上涨，平常很少关注，有时甚至对期货公司的通知都懒得看。而该期货公司因小王交易的金额比较小，且平时很少交易，并没有严格按照合同的约定向小王履行通知义务。交易一段时间后，市场行情并没有像小王预期的那样发展，他的账户出现了亏损。此时小王认为期货公司没有严格按照合同约定履行通知义务，影响了自己的交易，起诉至法院要求期货公司赔偿其损失。您觉得法院会支持小王的诉讼请求吗？小王和期货公司，孰是孰非？

期货交易中，每个交易日交易结束后，期货公司要对每位投资者的盈亏、交易手续费、交易保证金等款项进行结算。期货公司在每日结算后向投资者发出交易结算单。交易结算单一般载明下列事项：账号及户名、成交日期、成交品种、合约月份、成交数量及价格、买入或者卖出、开仓或者平仓、当日结算价、保证金占用额和保证金余额、交易手续费及其他费用、税款等需要载明的事项。期货公司必须按期货经纪合同约定的方式及时向客户通知及确认交易结果，这既是期货公司的一项基本服务，也是期货公司的一项法定义务。

期货市场是高风险的市场，交易中稍有疏忽，都有可能给交易者个人乃至整个市场酿成巨大风险。对投资者而言，及时得知交易结果直接影响其对市场的判断以及对下一步交易的决策。期货公司作为为客户提供经纪服务的机构，必须认真履行通知义务，尽到谨慎之职。需要注意的是，客户得到期货公司的通知后，如果对交易结算结果有异议，必须在第二天开市前以书面或约定形式提出，否则视为认可交易结果。

《最高人民法院关于审理期货纠纷案件若干问题的规定》还规定，期货交易所未按交易规则规定的期限、方式，将交易或者持仓头寸的结算结果通知期货公司，造成期货公司损失的，由期货交易所承担赔偿责任；期货公司未按期货经纪合同约定的期限、方式，将交易或者持仓头寸的结算结果通知客户，造成客户损失的，由期货公司承担赔偿责任；期货公司与客户对交易结算结果的通知方式未作约定或者约定不明确，期货公司未能提供证据证明已经发出上述通知的，对客户因继续持仓而造成扩大的损失，应当承担主要赔偿责任，赔偿额不超过损失的80%。

客户对当日交易结算结果的确认，应当视为对该日之前所有持仓和交易结算结果的确认，所产生的交易后果由客户自行承担。期货公司对交易结算结果提出异议，期货交易所未及时采取措施导致损失扩大的，对造成期货公司扩大的损失应当承担赔偿责任。客户对交易结算结果提出异议，期货公司未及时采取措施导致损失扩大的，期货公司对造成客户扩大的损失应当承担赔偿责任。期货公司对期货交易所或者客户对期货公司的交易结算结果有异议，而未在期货交易所交易规则规定或者期货经纪合同约定的时间内提出的，视为期货公司或者客户对交易结算结果已予以确认。

关于交易结算报告的通知方式，期货公司和投资者都应事先就此问题达成一致意见，以免将来发生争议。期货公司向客户已发出交易结算结果，客户否认收到上述结算结果的，如果双方对通知方式有约定的按照约定处理。如果当事人之间未作约定，或者约定不明确，期货公司又未能提供证据证明已发出交易结算结果报告的，对造成投资者继续持仓扩大的损失，期货公司应当承担主要责任。客户对自己的账户应尽关心之责；因未尽到关心之责，也有一定过错，应承担次要责任，即要对损失承担一定的责任。

此处需要提及的是，《期货交易管理条例》在强调期货公司通知客户的义务的同时，也规定客户应当及时查询并妥善处理自己的交易持仓。这样规定，是为了在期货公司和客户之间进行权利和义务的平衡。对应于期货公司的通知义务，客户也应当以积极的、负责任的态度及时查询和处理自己的交易持仓。如果客户怠于查询，或者没有妥善处理自己的交易持仓，那么也应当承担相应的损失。

6. 实物交割

案例

甲贸易公司注册了白糖期货标准仓单两张。因为经营需要，甲公司将其中一张仓单转让给了乙食品厂，留下了另一张。随后，甲公司通过期货市场卖出了与一张仓单上白糖数量相应的期货合约，并持仓至交割。交割时，这张仓单被配对给了丙贸易公司。乙食品厂、丙贸易公司在提货时发现仓单所对应的货物质量有问题。此时，乙食品厂、丙贸易公司应当向谁提出赔偿？

在期货交易中，实物交割牵涉的主体多，交割程序比较复杂，且可能存在实物质量等问题，引发的纠纷较多。如果在实物交割过程中出现问题，责任应当由谁来承担呢？实物交割中比较典型的是标准仓单交割方式，即在交割时，买方支付货款、卖方交付标准仓单。下面就以标准仓单交割方式为例来进行介绍。

第一，卖方为了完成交割，需要在交割时提交符合条件的标准仓单。为此，卖方需要在交割之前，将符合期货合约规定标准的货物运至交易所指定交割仓库，注册成期货市场标准仓单。在标准仓单注册以及注册完成后货物保管环节，如因交割仓库未履行货物验收职责或者因保管不善给仓单持有人造成损失的，应当由交割仓库承担赔偿责任。

第二，在开始交割时，如果期货公司没有代客户履行申请交割义务的，应当承担违约责任；造成客户损失的，应当承担赔偿责任。在交割日，卖方期货公司未向期货交易所交付标准仓单，或者买方期货公司未向期货交易所账户交付足额货款，构成交割违约。构成交割违约的，违约方应当承担违约责任。

第三，交割后，买方客户未在期货交易所交易规则规定的期限内对货物的质量、数量提出异议的，应视为其对货物的数量、质量无异议。

第四，无论在交割时还是在平时，仓单持有人申请提货的，交割仓库不能在期货交易所交易规则规定的期限内，向标准仓单持有人交付符合期货合约要求的货物，造成标准仓单持有人损失的，交割仓库应当承担责任，期货交易所承担连带责任。期货交易所承担责任后，有权向交割仓库追偿。

小贴士

什么是标准仓单？

我国《合同法》“第二十章　仓储合同”规定了仓单的有关内容。其中第三百八十五条规定，存货人交付仓储物的，保管人应当给付仓单。第三百八十六条规定，保管人应当在仓单上签字或者盖章。仓单包括下列事项：

- 存货人的名称或者姓名和住所；
- 仓储物的品种、数量、质量、包装、件数和标记；
- 仓储物的损耗标准；
- 储存场所；
- 储存期间；
- 仓储费；
- 仓储物已经办理保险的，其保险金额、期间以及保险人的名称；
- 填发人、填发地和填发日期。

第三百八十七条规定，仓单是提取仓储物的凭证。存货人或者仓单持有人在仓单上背书并经保管人签字或者盖章的，可以转让提取仓储物的权利。

标准仓单，是指交割仓库开具并经期货交易所认定的标准化提货凭证。在期货市场中，标准仓单是指由期货交易所统一制定的，交易所指定交割仓库在完成入库商品验收、确认合格后签发给货主的实物提货凭证。标准仓单经交易所注册后生效，方可用于交割。

标准仓单是表示一定数量货物交付或返还请求权的文书，属于物权凭证，也是记名的物权证券。标准仓单上所载明的权利与标准仓单是不可分离的。首先，持有标准仓单，就表示持有仓单上注明的一定数量或品质的物品。其次，标准仓单可以背书转让。存货人或者仓单持有人可以将仓单上所载明的物品的所有权转移于他人。交付仓单，即表示交付了仓单上注明的物品。最后，由于标准仓单的物权属性，它还可以在期货交易中进行质押。因此，我国期货交易所规定，标准仓单可用于交割、转让、提货、质押等。

7. 违约

案例

投资者小李和小张对期货交易违约风险大不大展开了讨论。

小李：期货交易和现货交易一样，都是人在交易，因此，期货交易中违约风险也和现货一样，不仅会发生，而且由于期货交易本身风险大，发生违约的概率更高！

小张：不是这样的！虽然都是人在交易，但是期货交易和现货交易有很多不同。期货交易自身风险大，所以期货交易制度中有许多风险控制的制度，比如保证金制度、当日无负债结算制度、涨跌停板制度、强行平仓制度等，能大大降低违约风险的发生。

小李：或许吧。但是，期货交易是和陌生人交易，我怎么知道交易的人信用状况如何，从这一点上，期货交易不如能看见人和货物的现货交易叫人放心！

小张：这一点我也不同意。期货交易中，虽然我们不知道对手是谁，但是有期货交易所在中间起担保作用，保证合约履行，比现货更安全才对！

小李和小张谁的观点更符合期货市场的实际呢？

期货交易从现货远期交易演化而来。参与期货交易，买入并持有一张期货合约，相当于签订了一份在将来某一个特定的时间和地点买入一定数量标的物的合同；卖出并持有一张期货合约，相当于签订了一份在将来某一个特定的时间和地点卖出一定数量标的物的合同。如果届时不能支付货款，或者不能按期、保质地提供相关标的物，将构成违约。此外，期货交易中的违约外延比一般意义上的现货合同违约要广，因为期货交易是保证金交易，实行当日无负债结算制度，如果当日结算后交易者不能按照规定时间缴纳应当缴纳的保证金，也构成违约。那么，期货交易违约后，责任如何承担呢？

《期货交易管理条例》第三十六条规定，会员在期货交易中违约的，期货交易所先以该会员的保证金承担违约责任；保证金不足的，期货交易所应当以风险准备金和自有资金代为承担违约责任，并由此取得对该会员的相应追偿权。客户在期货交易中违约的，期货公司先以该客户的保证金承担违约责任；保证金不足的，期货公司应当以风险准备金和自有资金代为承担违约责任，并由此取得对该客户的相应追偿权。第三十七条规定，实行会员分级结算制度的期货交易所，应当向结算会员收取结算担保金。期货交易所只对结算会员结算，收取和追收保证金，以结算担保金、风险准备金、自有资金代为承担违约责任，以及采取其他相关措施；对非结算会员的结算、收取和追收保证金、代为承担违约责任，以及采取其他相关措施，由结算会员执行。

《最高人民法院关于审理期货纠纷案件若干问题的规定》也对违约责任的承担进行了规定。第四十八条规定，期货公司未按照每日无负债结算制度的要求，履行相应的金钱给付义务，期货交易所亦未代期货公司履行，造成交易对方损失的，期货交易所应当承担赔偿责任。期货交易所代期货公司履行义务或者承担赔偿责任后，有权向不履行义务的一方追偿。第四十九条规定，期货交易所未代期货公司履行期货合约，期货公司应当根据客户请求向期货交易所主张权利。期货公司拒绝代客户向期货交易所主张权利的，客户可直接起诉期货交易所，期货公司可作为第三人参加诉讼。

从上述规定可以看出，期货交易由于采用集中交易、集中结算制度，期货交易所对交易承担最后的履约担保责任。换言之，期货交易中，由于一方违约的，期货交易所会先代为履行合同责任。其实，不仅在交易过程中，规定了期货交易所会对交易履行承担最后担保责任，就是交割后，考虑到我国社会信用水平还不高的事实，为了期货市场的长远发展，也规定了期货交易所的担保责任。如《最高人民法院关于审理期货纠纷案件若干问题的规定》第四十七条："交割仓库不能在期货交易所交易规则规定的期限内，向标准仓单持有人交付符合期货合约要求的货物，造成标准仓单持有人损失的，交割仓库应当承担责任，期货交易所承担连带责任。期货交易所承担责任后，有权向交割仓库追偿。"这意味着，只要是期货市场标准仓单的持有人，期货交易所将对其所持有仓单对应的货物质量承担保证责任。

如此，期货市场是否能够稳健运行完全系于期货交易所抵御各种风险的能力。为了保障期货交易所履行职责，《期货交易管理条例》第十一条规定期货交易所应当按照国家有关规定建立、健全下列风险管理制度：

- 保证金制度；
- 当日无负债结算制度；
- 涨跌停板制度；
- 持仓限额和大户持仓报告制度；
- 风险准备金制度；
- 国务院期货监督管理机构规定的其他风险管理制度。

实行会员分级结算制度的期货交易所，还应当建立、健全结算担保金制度。这些制度大大增加了期货交易所控制市场风险的能力和履行担保责任的实力。

概言之，由于期货交易所的介入，期货交易中几乎不可能出现现货交易中的违约问题，期货交易者可以安心地参与期货交易。

上述对话中，显然小张的观点更符合期货市场的实际。

8. 期货交易所行为

案例

由于现货市场环境发生较大变化，某期货品种在交易中价格出现暴涨暴跌，甚至连续停板的状况。期货交易所为了控制市场风险，接连采取了提高保证金、限制每笔交易量、限制当日开仓手数、缩短交易时间等一系列措施。在此背景下，客户张某在交易中发生了较大亏损。张某便以交易所采取的措施导致自己亏损为由诉至法院，要求交易所赔偿损失。张某的请求法院会支持吗？

在期货交易中，期货交易所作为“中央对手方”，在期货交易达成后，介入期货交易成为卖方的买方、买方的卖方，大大降低了期货交易违约责任的风险。但期货交易中，期货交易所同时是期货市场的自律管理者，俗称“期货交易的一线监管者”。为了防范市场风险，期货交易所要采取许多调控市场的措施。如果这些措施造成期货交易者的损失，责任应当由谁承担？

《最高人民法院关于审理期货纠纷案件若干问题的规定》第五十条规定，因期货交易所的过错导致信息发布、交易指令处理错误，造成期货公司或者客户直接经济损失的，期货交易所应当承担赔偿责任，但其能够证明系不可抗力的除外。第五十一条规定，期货交易所依据有关规定对期货市场出现的异常情况采取合理的紧急措施造成交易者损失的，期货交易所不承担赔偿责任。期货公司执行期货交易所的合理的紧急措施造成客户损失的，期货公司不承担赔偿责任。

当然，因为期货交易所依据有关规定对期货市场出现的异常情况采取合理的紧急措施造成客户损失的不承担赔偿责任，所以法规、规章对异常情况以及异常情况下交易所采取紧急措施的程序是有严格限定的。除了《期货交易管理条例》第十二条对构成异常情况的情形、异常情况下期货交易所采取紧急措施的要求和程序进行规定外，《期货交易所管理办法》第八十八条对异常情况的情形进行了进一步的界定，包括：

（1）地震、水灾、火灾等不可抗力或者计算机系统故障等不可归责于期货交易所的原因导致交易无法正常进行的；

（2）会员出现结算、交割危机，对市场正在产生或者即将产生重大影响的；

（3）期货价格出现同方向连续涨跌停板，期货交易所采用调整涨跌停板幅度、提高交易保证金标准及按一定原则减仓等措施后仍未化解风险的；

（4）期货交易所交易规则及其实施细则中规定的其他情形。

《期货交易所管理办法》还规定，期货交易所宣布进入异常情况并决定采取紧急措施前应当报告中国证监会。期货交易所宣布进入异常情况并决定暂停交易的，暂停交易的期限不得超过3个交易日，但经中国证监会批准延长的除外。

9. 期货经纪合同无效

案例

某贸易公司负责人张某认识到，期货市场在服务企业管理市场价格风险方面可以发挥重要作用；但期货交易本身又隐含着较大风险。为了赚取比较稳定的收益，他决定将代理别人从事期货交易作为本公司的主营业务。于是，他以提供现货贸易服务之名，与客户签订期货经纪合同，并使用本公司名义开立的期货账户为客户开展期货交易。在交易过程中，他的一个客户发生了亏损，随即以张某的贸易公司不具有期货经纪业务资格为由，主张之前订立的合同无效，要求张某返还其保证金并赔偿损失。张某的贸易公司需要承担什么责任呢？

我国期货市场建立初期，市场中存在许多不规范的行为。一些没有期货经纪业务资格的机构与投资者订立期货经纪合同，代理投资者从事期货交易。

投资者在事后发现其没有法定资质时，尤其是当投资者从事期货交易发生亏损时，往往主张合同无效，要求这些机构赔偿损失。那么，责任究竟应当由谁来承担呢?

《最高人民法院关于审理期货纠纷案件若干问题的规定》对此作出了规定。首先明确有下列情形之一的，应当认定期货经纪合同无效：

- 没有从事期货经纪业务的主体资格而从事期货经纪业务的；
- 不具备从事期货交易主体资格的客户从事期货交易的；
- 违反法律、法规禁止性规定的。

因期货经纪合同无效给客户造成经济损失的，应当根据无效行为与损失之间的因果关系确定责任的承担。一方的损失系对方行为所致，应当由对方赔偿损失；双方有过错的，根据过错大小各自承担相应的民事责任。

不具有主体资格的经营机构因从事期货经纪业务而导致期货经纪合同无效，该机构按客户的交易指令入市交易的，收取的佣金应当返还给客户，交易结果由客户承担。

该机构未按客户的交易指令入市交易，客户没有过错的，该机构应当返还客户的保证金并赔偿客户的损失。赔偿损失的范围包括交易手续费、税金及利息。

期货交易中的“红线”

案例

某企业期货业务部门负责人张某，向一位非常擅长期货投资的老朋友李某寻求帮助，以向企业交出一份漂亮业绩。李某是一家投资公司的负责人，认为某期货品种目前盘面价格低于现货成本价，有上升空间；同时，为了帮助张某，便和张某约定一起投资该品种。根据两人的计划，张某负责安排资金，李某负责操作交易。计划开始执行后，该品种价格长期低迷，张某非常着急，让李某再想想办法。李某认为，市场需要引导，行情启动需要用点手段。两人约定通过在实际控制的账户之间自买自卖、频繁报单和撤单等方式，将该期货品种的价格逐步拉升，引发一些投资者跟风炒作，两人后来获利丰厚。张某和李某的行为是否妥当呢？

期货市场的主要功能在于价格发现和风险管理。价格发现功能的发挥，主要是通过集中不特定多数人来交易，形成一个充分反映供求关系的价格，发现的价格又反过来指导资源配置。风险管理功能的发挥，主要是通过交割制度的安排，促使期货、现货价格回归或者趋于一致，使套期保值者实现转移价格风险的目标。此外，每个期货品种背后是一个产业，涉及产业链上中下游众多企业，无论其是否具体参与期货交易，至少都是期货市场价格信号的使用者。因此，一切违反“三公”和诚信原则，干扰期货交易价格形成的行为，对期货市场都具有很大危害性，都会从根本上影响期货市场功能的发挥，影响该期货品种背后的现货产业链乃至整个国民经济。为此，《期货交易管理条例》第三条规定，从事期货交易活动，应当遵循公开、公平、公正和诚实信用的原则。禁止欺诈、内幕交易和操纵期货交易价格等违法行为。第三十九条规定，任何单位或者个人不得编造、传播有关期货交易的虚假信息，不得恶意串通、联手买卖或者以其他方式操纵期货交易价格。

为了规范期货市场秩序，打击各类违法违规行为，《期货交易管理条例》共规定了13类违法违规行为，规范的主体包括期货交易所、期货保证金安全存管监控机构、期货经营机构、客户、交割仓库、期货保证金存管银行、期货公司的交易软件、结算软件供应商、会计师事务所、律师事务所等中介服务机构等各市场参与者。禁止的违规类型中，与期货交易行为相关的主要是禁止操纵期货交易价格、禁止内幕交易和禁止编造并且传播有关期货交易的虚假信息，扰乱期货交易市场的行为。

操纵期货交易价格的行为，包括：

- 单独或者合谋，集中资金优势、持仓优势或者利用信息优势联合或者连续买卖合约，操纵期货交易价格的；
- 蓄意串通，按事先约定的时间、价格和方式相互进行期货交易，影响期货交易价格或者期货交易量的；
- 以自己为交易对象，自买自卖，影响期货交易价格或者期货交易量的；
- 为影响期货市场行情囤积现货的；
- 国务院期货监督管理机构规定的其他操纵期货交易价格的行为。

2019 年 11 月 22 日，根据《期货交易管理条例》的授权，中国证监会制定并发布了《关于〈期货交易管理条例〉第七十条第五项“其他操纵期货交易价格行为”的规定》，对近年来一些交易者反复利用程序化交易工具或者自媒体平台，通过虚假申报、蛊惑、抢帽子、挤仓等方式操纵期货交易价格的行为予以了规制。该《规定》的出台，是对《期货交易管理条例》关于操纵期货交易价格行为相关规定的进一步细化和完善。

行为人为了经济利益而扭曲市场价格，对期货市场危害巨大，不仅影响期货市场套期保值的实现，还可能影响产业链资源配置，从而导致期货市场功能丧失。任何单位或者个人操纵期货交易价格的，责令改正，没收违法所得，并处违法所得 1 倍以上 5 倍以下的罚款；没有违法所得或者违法所得不满 20 万元的，处 20 万元以上 100 万元以下的罚款。单位有操纵期货交易价格行为的，对直接负责的主管人员和其他直接责任人员给予警告，并处 1 万元以上 10 万元以下的罚款。

期货市场的内幕信息，是指可能对期货交易价格产生重大影响的尚未公开的信息，包括：国务院期货监督管理机构以及其他相关部门制定的对期货交易价格可能发生重大影响的政策，期货交易所作出的可能对期货交易价格发生重大影响的决定，期货交易所会员、客户的资金和交易动向以及国务院期货监督管理机构认定的对期货交易价格有显著影响的其他重要信息。行为人利用内幕信息获得优于其他市场参与者的优势，从而获取利益或者减少损失，不仅损害其他市场参与者利益，还扰乱期货市场秩序，并可能引发交易者对期货市场的不信任。根据《期货交易管理条例》，期货交易内幕信息的知情人或者非法获取期货交易内幕信息的人，在对期货交易价格有重大影响的信息尚未公开前，利用内幕信息从事期货交易，或者向他人泄露内幕信息，使他人利用内幕信息进行期货交易的，没收违法所得，并处违法所得 1 倍以上 5 倍以下的罚款；没有违法所得或者违法所得不满 10 万元的，处 10 万元以上 50 万元以下的罚款。单位从事内幕交易的，还应当对直接负责的主管人员和其他直接责任人员给予警告，并处 3 万元以上 30 万元以下的罚款。国务院期货监督管理机构、期货交易所和期货保证金安全存管监控机构的工作人员进行内幕交易的，从重处罚。

任何单位或者个人编造并且传播有关期货交易的虚假信息，扰乱期货交易市场的，责令改正，给予警告，没收违法所得，并处违法所得 1 倍以上 5 倍以下的罚款；没有违法所得或者违法所得不满 10 万元的，并处 10 万元以上 50 万元以下的罚款；期货公司从事该违法行为，情节严重的，责令停业整顿或者吊销期货业务许可证；对直接负责的主管人员和其他直接责任人员给予警告，并处 1 万元以上 10 万元以下的罚款；情节严重的，暂停或者撤销期货从业人员资格。

从事以上违规行为，情节严重的，由国务院期货监督管理机构宣布该个人、该单位或者该单位的直接责任人员为期货市场禁止进入者。构成犯罪的，依法追究刑事责任。

期货交易的监督管理

合法期货交易区别于非法期货交易的一个很大不同，就是合法的期货交易受到严格监管。在本部分，我们就来看看，除了我们前面已经谈到过的，在期货交易过程中法律法规还规定了哪些监管要求，这些监管都是对谁做出的，又是由谁负责实施。

1. 客户

客户，也称为投资者、交易者。这些称谓是在不同情形下的不同表述，其含义大概相同。相对于期货公司而言时，投资者一般被称为客户。

一般来讲，法律法规强调客户是期货交易中被保护的对象。如《期货交易管理条例》第一条开宗明义地规定：“为了规范期货交易行为，加强对期货交易的监督管理，维护期货市场秩序，防范风险，保护期货交易各方的合法权益和社会公共利益，促进期货市场积极稳妥发展，制定本条例。”但是，从规范期货交易行为、维护期货市场秩序的角度看，客户同时也应当是被监管的对象。《期货交易管理条例》第二条第一款明确规定：“任何单位和个人从事期货交易及其相关活动，应当遵守本条例。”

概括来讲，对客户的监管要求，主要有以下两个方面：

一是在开户过程中，投资者应当出具合法有效的单位、个人身份证明或者其他证明材料；如实提供相关信息和材料，承诺资金来源合法；对拟开立的账户与其他账户存在实际控制关系的，应当在开户时向期货公司披露。在期货公司进行适当性评估时，提供真实、完整、有效的证明材料。

二是在交易过程中，客户应当遵守法律法规和期货交易所交易规则。违反这些规定的，可能会受到中国证监会的行政处罚和期货交易所的自律管理措施，严重的还可能会被宣布为期货市场禁止进入者。

总的来说，客户主要还是期货市场的保护对象，各项监管制度安排本质上也是为了保护客户合法权益而设立的。客户只要严格遵守各项规定，可以放心大胆地交易。

2. 期货公司

期货公司是期货市场中非常重要的一类主体，目前是唯一可以代理客户从事期货交易的经营机构。换言之，只要投资者（包括境内的自然人、法人和其他经济组织等）无法成为期货交易所的自营会员，就只能通过成为期货公司的客户并通过期货公司的代理才能从事在期货交易所组织的期货交易。因此，现行期货法律法规对期货公司的监管也是最系统和严格的。

《期货交易管理条例》第十七条第一款规定："期货公司业务实行许可制度，由国务院期货监督管理机构按照其商品期货、金融期货业务种类颁发许可证。期货公司除申请经营境内期货经纪业务外，还可以申请经营境外期货经纪、期货投资咨询以及国务院期货监督管理机构规定的其他期货业务。"《期货公司监督管理办法》第十五条规定："按照本办法设立的期货公司，可以依法从事商品期货经纪业务；从事金融期货经纪、境外期货经纪、期货投资咨询的，应当取得相应业务资格。从事资产管理业务的，应当依法登记备案。期货公司经批准可以从事中国证监会规定的其他业务。"从相关法规、规章规定看，期货公司的业务范围还是比较广泛的。但现阶段获准开展的业务，主要有境内期货经纪、期货投资咨询、资产管理业务等。随着期货市场的发展和期货公司的壮大，期货公司的经营范围有望不断拓展，为期货市场参与者提供更加专业、优质的服务。

法规、规章对期货公司的监管，主要包括以下几个方面：

（1）期货公司治理和总体业务

- 关于公司治理

对期货公司的设立，中国证监会根据审慎监管原则进行审查，做出批准或者不批准的决定。迄今，中国证监会已经多年未批准新设期货公司。未经中国证监会批准，任何单位或者个人不得设立或者变相设立期货公司，经营期货业务。否则，即构成非法期货。

未经中国证监会批准，任何单位和个人不得委托或者接受他人委托持有或者管理期货公司的股权。期货公司不得为其股东、实际控制人或者其他关联人提供融资，不得对外担保。

期货公司应当按照明晰职责、强化制衡、加强风险管理的原则，建立并完善公司治理。期货公司与其股东、实际控制人及其他关联人在业务、人员、资产、财务等方面应当严格分开，独立经营，独立核算。

未依法经期货公司股东会或者董事会决议，期货公司股东、实际控制人不得任免期货公司的董事、监事、高级管理人员，或者非法干预期货公司经营管理活动。期货公司向股东、实际控制人及其关联人提供服务的，不得降低风险管理要求。

期货公司股东、实际控制人和其他关联人应当遵守法律、行政法规和中国证监会关于关联交易的相关规定，不得与期货公司进行不当的关联交易，不得利用其对期货公司经营管理的影响力获取不当利益。

除了满足一般公司治理的结构和要求外，期货公司可以设立独立董事。期货公司的独立董事不得在期货公司担任董事会以外的职务，不得与本期货公司存在可能妨碍其作出独立、客观判断的关系。期货公司应当设首席风险官，对期货公司经营管理行为的合法合规性、风险管理进行监督、检查。期货公司的董事长、总经理、首席风险官之间不得存在近亲属关系。

期货公司应当合理设置业务部门及其职能，建立岗位责任制度，不相容岗位应当分离。交易、结算、财务业务应当由不同部门和人员分开办理。期货公司应当设立风险管理部门或者岗位，管理和控制期货公司的经营风险。期货公司应当设立合规审查部门或者岗位，审查和稽核期货公司经营管理的合法合规性。期货公司应当对分支机构实行集中统一管理，不得与他人合资、合作经营管理分支机构，不得将分支机构承包、租赁或者委托给他人经营管理。期货公司应当按照规定对分支机构实行统一结算、统一风险管理、统一资金调拨、统一财务管理和会计核算。

- 关于业务开展

期货公司不得从事与期货业务无关的活动，法律、行政法规或者中国证监会另有规定的除外。期货公司不得从事或者变相从事期货自营业务。

期货公司应当建立、健全并严格执行业务管理规则、风险管理制度，遵守信息披露制度，保障客户保证金的存管安全，按照期货交易所的规定，向期货交易所报告大户名单、交易情况。

期货公司经营期货经纪业务又同时经营其他期货业务的，应当严格执行业务分离和资金分离制度，不得混合操作。期货公司应当建立并有效执行风险管理、内部控制、期货保证金存管等业务制度和流程，有效隔离不同业务之间的风险，确保客户资产安全和交易安全。

期货公司应当按照规定实行投资者适当性管理制度，建立执业规范和内部问责机制，了解客户的经济实力、专业知识、投资经历和风险偏好等情况，审慎评估客户的风险承受能力，提供与评估结果相适应的产品或者服务。

期货公司应当向客户全面客观介绍相关法律法规、业务规则、产品或者服务的特征，充分揭示风险，并按照合同的约定，如实向客户提供与交易相关的资料、信息，不得欺诈或者误导客户。期货公司应充分了解和评估客户风险承受能力，加强对客户的管理。

期货公司应当在本公司网站、营业场所公示业务流程。期货公司应当提供从业人员资格证书等资料供客户查阅，并在本公司网站和营业场所提示客户可以通过中国期货业协会网站查询。

期货公司应当承担投资者投诉处理的首要责任，建立、健全客户投诉处理制度，公开投诉处理流程，妥善处理客户投诉及与客户的纠纷。

期货公司应当保证期货交易、结算、交割资料的完整和安全。期货公司应当建立数据备份制度，对交易、结算、财务等数据进行备份管理。期货公司应当妥善保存客户开户资料、委托记录、交易记录和与内部管理、业务经营有关的各项资料，任何人不得隐匿、伪造、篡改或者毁损，除依法接受调查和检查外，应当为客户保密，不得非法提供给他人。客户资料保存期限自账户销户之日起不得少于 20 年。

小贴士

如何理解期货公司的交易结算资料的保存义务?

期货交易有关资料的安全保存，对于能否为将来可能发生的期货交易纠纷提供依据具有重要意义。因此，世界各国的期货交易法律法规一般都要求期货交易的有关资料必须安全保存，并明确规定必须保存的资料种类及保存的期限。比如在美国，期货交易法规定期货交易所有保存记录的法定义务。需要安全保存的记录包括所有清楚登载其理事会、委员会或者其他从属机构活动的记录，还包括所有与期货交易有关的记录，保存期限为 5 年。记录应当随时可供商品期货交易委员会（CFTC）检查，其目的是为了检查期货交易所是否尽到组织管理和风险控制等职责，并且为随时稽查纠纷提供方便。期货经纪机构还应当保存买卖记录、有关投资者账户的细目、交易部位记录以及其他应当保存的文件和账簿（如投资者委托合同、开户记录、交易记录、投资者交纳的有价证券及其他财产记录、每月对账单、每日确认成交单、每月报表、交易流程记录等），各种记录必须符合 CFTC 规定格式和保存期限的要求完整保存。

期货公司应当按照国务院期货监督管理机构、财政部门的规定提取、管理和使用风险准备金，不得挪用。

期货公司应当向中国证监会报送财务会计报告、业务资料和其他有关资料。

期货公司的交易软件、结算软件，应当满足期货公司审慎经营和风险管理以及中国证监会有关保证金安全存管监控规定的要求。

小贴士

《期货交易管理条例》对期货公司交易结算软件的规定有哪些?

《期货交易管理条例》第五十九条规定，期货公司的交易软件、结算软件，应当满足期货公司审慎经营和风险管理以及国务院期货监督管理机构有关保证金安全存管监控规定的要求。期货公司的交易软件、结算软件不符合要求的，国务院期货监督管理机构有权要求期货公司予以改进或者更换。国务院期货监督管理机构可以要求期货公司的交易软件、结算软件的供应商提供该软件的相关资料，供应商应当予以配合。国务院期货监督管理机构对供应商提供的相关资料负有保密义务。

《期货交易管理条例》第六十六条规定，交易软件、结算软件不符合期货公司审慎经营和风险管理以及国务院期货监督管理机构有关保证金安全存管监控规定的要求的，可以对期货公司进行以下处罚：责令改正，给予警告，没收违法所得，并处违法所得 1 倍以上 3 倍以下的罚款；没有违法所得或者违法所得不满 10 万元的，并处 10 万元以上 30 万元以下的罚款；情节严重的，责令停业整顿或者吊销期货业务许可证。对直接负责的主管人员和其他直接责任人员给予警告，并处 1 万元以上 5 万元以下的罚款；情节严重的，暂停或者撤销期货从业人员资格。

《期货交易管理条例》第七十五条规定，期货公司的交易软件、结算软件供应商拒不配合国务院期货监督管理机构调查，或者未按照规定向国务院期货监督管理机构提供相关软件资料，或者提供的软件资料有虚假、重大遗漏的，责令改正，处 3 万元以上 10 万元以下的罚款。对直接负责的主管人员和其他直接责任人员给予警告，并处 1 万元以上 5 万元以下的罚款。

期货公司应当具有符合行业标准和自身业务发展需要的信息系统，制定信息技术管理制度，按照规定设置信息技术部门或岗位，保障信息系统安全运行。期货公司应当通过自身具有管理权限的信息系统直接接受客户交易指令，不得允许或者配合其他机构、个人截取、留存客户信息，不得以任何方式向其他机构、个人违规提供客户信息，法律、行政法规以及中国证监会另有规定的除外。期货公司发现其他机构、个人违规传输、转发、存储或者使用本公司经营数据和客户信息的，应当及时向公司住所地中国证监会派出机构报告，并评估影响范围、排查泄露途径。如涉及业务合作机构的，期货公司应当立即终止与其合作。

期货公司应当建立健全外部接入信息系统管理制度。期货公司信息系统接入外部信息系统的，应当对接入的外部信息系统开展合规评估、风险评估和技术系统测试，保证接入的外部信息系统的合规性和安全性，并按照期货交易所、中国期货业协会的要求报告接入方及接入信息系统情况，不得违规为客户提供信息系统外部接入服务。期货公司涉及重大诉讼、仲裁，或者股权被冻结或者用于担保，以及发生其他重大事件时，期货公司及其相关股东、实际控制人应当自该事件发生之日起 5 日内向中国证监会提交书面报告。

（2）各项具体业务

- 经纪业务

期货公司从事经纪业务，接受客户委托，以自己的名义为客户进行期货交易，交易结果由客户承担。期货公司不得向客户做获利保证；不得在经纪业务中与客户约定分享利益或者共担风险。期货公司在为客户开立期货经纪账户前，应当向客户出示期货交易风险说明书，由客户签字确认，并签订期货经纪合同。期货公司不得接受不得从事期货交易的单位和个人委托为其进行期货交易。

在代理客户交易过程中，期货公司应当建立交易指令委托管理制度，并与客户就委托方式和程序进行约定。期货公司应当按照客户委托下达交易指令，不得未经客户委托或者未按客户委托内容，擅自进行期货交易。期货公司从业人员不得未经过其依法设立的营业场所私下接受客户委托进行期货交易。期货公司不得隐瞒重要事项或者使用其他不正当手段诱骗客户发出交易指令。

- 以书面方式下达交易指令的，客户应当填写书面交易指令单；
- 以电话方式下达交易指令的，期货公司应当同步录音；
- 以计算机、互联网等委托方式下达交易指令的，期货公司应当以适当方式保存。以互联网方式下达交易指令的，期货公司应当对互联网交易风险进行特别提示。

期货公司应当在传递交易指令前对客户账户资金和持仓进行验证。期货公司应当按照时间优先的原则传递客户交易指令。期货公司应当建立健全客户交易行为管理制度，发现客户交易指令涉嫌违法违规或者出现交易异常的，应当及时向期货交易所、期货保证金安全存管监控机构及住所地中国证监会派出机构报告。

期货公司应当严格执行期货保证金制度。期货公司向客户收取的保证金，不得低于期货交易所规定的标准，并应当与自有资金分开，专户存放。期货公司向客户收取的保证金，属于客户所有，除规定可以划转的情形外，严禁挪作他用。期货公司应当为每一个客户单独开立专门账户、设置交易编码，不得混码交易。期货公司根据期货交易所的结算结果对客户进行结算，并应当将结算结果按照与客户约定的方式及时通知客户。

期货公司应当在期货保证金存管银行开立期货保证金账户。期货公司开立、变更或者撤销期货保证金账户的，应于当日向期货保证金安全存管监控机构备案，并通过规定方式向客户披露账户开立、变更或者撤销情况。期货公司存管的客户保证金应当全额存放在期货保证金账户和期货交易所专用结算账户内，严禁在期货保证金账户和期货交易所专用结算账户之外存放。期货公司和客户应当通过备案的期货保证金账户和登记的期货结算账户转账存取保证金。客户在期货交易中违约造成保证金不足的，期货公司应当以风险准备金和自有资金垫付，不得占用其他客户保证金。

期货公司应当在每日结算后为客户提供交易结算报告，并提示客户可以通过期货保证金安全存管监控机构进行查询。

期货公司应当按照规定为客户申请、注销交易编码。客户与期货公司的委托关系终止的，应当办理销户手续。期货公司不得将客户未注销的资金账号、交易编码借给他人使用。

- 期货投资咨询业务

期货公司从事期货投资咨询业务，应当与客户签订服务合同，明确约定服务内容、收费标准及纠纷处理方式等事项。期货公司及其从业人员从事期货投资咨询业务，不得有下列行为：

①向客户做出保证其资产本金不受损失或者取得最低收益的承诺；

②以虚假信息、市场传言或者内幕信息为依据向客户提供期货投资咨询服务；

③对价格涨跌或者市场走势做出确定性的判断；

④利用向客户提供投资建议谋取不正当利益；

⑤利用期货投资咨询活动传播虚假、误导性信息；

⑥以个人名义收取服务报酬；

⑦法律、行政法规和中国证监会规定禁止的其他行为。

- 资产管理业务

期货公司从事资产管理业务，应当与客户签订资产管理合同，通过专门账户提供服务。期货公司可以依法为单一客户办理资产管理业务或者为特定多个客户办理资产管理业务。

期货公司及其从业人员从事资产管理业务，不得有下列行为：

①以欺诈手段或者其他不当方式误导、诱导客户；

②向客户做出保证其资产本金不受损失或者取得最低收益的承诺；

③接受客户委托的初始资产低于中国证监会规定的最低限额；

④占用、挪用客户委托资产；

⑤以转移资产管理账户收益或者亏损为目的，在不同账户之间进行买卖，损害客户利益；

⑥以获取佣金或者其他利益为目的，使用客户资产进行不必要的交易；

⑦利用管理的客户资产为第三方谋取不正当利益，进行利益输送；

⑧利用或协助客户利用资管账户规避期货交易所限仓管理规定；

⑨违反投资者适当性要求，通过拆分资产管理产品等方式，向风险承受能力低于产品风险等级的投资者销售资产管理产品；

⑩法律、行政法规以及中国证监会规定禁止的其他行为。

3. 期货从业人员

我国期货市场对期货公司工作人员实行分类管理的制度，将其分为三类：期货公司高管人员、期货从业人员和期货业务辅助人员。高管人员又分为董事、监事和高级管理人员两个序列，后者是指期货公司的总经理、副总经理、首席风险官，财务负责人、营业部负责人以及实际履行上述职务的人员。

中国证监会授权中国期货业协会进行期货从业人员资格管理。在对期货公司从业人员管理上，注重发挥自律组织的职能，尽量减少以至于取消行政审批事项，加强备案、报告、提示、资格公示等符合市场化原则的监管制度。强化日常监管，对期货公司法人治理结构、岗位责任制度等提出监管要求和指引，利用提示、重点关注、资格公示、建立诚信数据库等日常监管措施，将事中监督与事后追究有机结合起来，促进期货公司的规范化运作，防范经营风险，保护投资者利益。对高管人员和从业人员实施责任追究制，对于期货公司违法违规行为负有责任的高管人员和从业人员，必须追究其个人的法律责任。

（1）《期货从业人员管理办法》

《期货从业人员管理办法》对从业人员提出了下列执业行为规范：

- 诚实守信，恪尽职守，促进机构规范运作，维护期货行业声誉；
- 以专业的技能，谨慎、勤勉尽责地为客户提供服务，保守客户的商业秘密，维护客户的合法权益；
- 向客户提供专业服务时，充分揭示期货交易风险，不得作出不当承诺或者保证；
- 当自身利益或者相关方利益与客户的利益发生冲突或者存在潜在利益冲突时，及时向客户进行披露，并且坚持客户合法利益优先的原则；
- 具有良好的职业道德与守法意识，抵制商业贿赂，不得从事不正当竞争行为和不正当交易行为；
- 不得为迎合客户的不合理要求而损害社会公共利益、所在机构或者他人的合法权益；
- 不得以本人或者他人名义从事期货交易；
- 中国期货业协会规定的其他执业行为规范。

（2）《期货公司董事、监事和高级管理人员任职资格管理办法》

《期货公司董事、监事和高级管理人员任职资格管理办法》对期货公司董事、监事和高级管理人员制定了行为规则，要求：期货公司董事应当按照公司章程的规定出席董事会会议，参加公司的活动，切实履行职责。期货公司独立董事应当重点关注和保护客户、中小股东的利益，发表客观、公正的独立意见。期货公司高级管理人员应当遵循诚信原则，谨慎地在职权范围内行使职权，维护客户和公司的合法利益，不得从事或者配合他人从事损害客户和公司利益的活动，不得利用职务之便为自己或者他人谋取属于本公司的商业机会。期货公司董事、监事和高级管理人员的近亲属在期货公司从事期货交易的，有关董事、监事和高级管理人员应当在知悉或者应当知悉之日起5个工作日内向公司报告，并遵循回避原则。公司应当在接到报告之日起5个工作日内向中国证监会相关派出机构备案，并定期报告相关交易情况。期货公司总经理应当认真执行董事会决议，有效执行公司制度，防范和化解经营风险，确保经营业务的稳健运行和客户保证金安全完整。副总经理应当协助总经理工作，忠实履行职责。期货公司董事、监事和高级管理人员不得收受商业贿赂或者利用职务之便牟取其他非法利益。

（3）《期货从业人员执业人员行为准则》

为进一步规范期货从业人员执业行为，促使其提高职业道德和业务素质，维护期货市场秩序，根据《期货交易管理条例》和《期货从业人员管理办法》的有关规定，中国期货业协会制定了《期货从业人员执业人员行为准则》。该准则是对从业人员的职业品德、执业纪律、专业胜任能力及职业责任等方面的基本要求和规定，是从业人员在执业过程中必须遵守的行为规范，是中国期货业协会对从业人员进行纪律惩戒的主要依据。该准则主要对期货从业人员执业基本准则、合规执业、专业胜任能力、对投资者的责任、竞业准则、其他责任、监督及惩戒等方面进行了规定。其中，与保护投资者利益密切相关的内容主要有：

从业人员在执业过程中应当坚持期货市场的公开、公平、公正原则，自觉抵制不正当交易和商业贿赂，不得从事不正当交易行为和不正当竞争，维护期货交易各方的合法权益。从业人员在执业过程中应当以专业的技能，以小心谨慎、勤勉尽责和独立客观的态度为投资者提供服务，维护投资者的合法权益。从业人员在执业过程中遇到自身利益或相关方利益与投资者的利益发生冲突或可能发生冲突时，必须及时向投资者披露发生冲突的可能性及有关情况，并尽量避免冲突；当无法避免时，应当确保投资者的利益得到公平的对待。

从业人员在向投资者提供服务前，应当了解投资者的财务状况、投资经验及投资目标，并应谨慎、诚实、客观地告知投资者期货投资的特点以及在期货投资中可能出现的各种风险，不得向投资者做出不符合有关法律、法规、规章、政策等规定的承诺或保证。从业人员在进行投资分析或者提出投资建议时，应当勤勉尽责、独立客观，投资分析及投资建议要有合理、充足的依据，要严格区分客观事实与主观判断，并对重要事实予以明示。从业人员应当如实向投资者申明其所具有的执业能力，不得向投资者提供虚假文件、材料。从业人员应当保护投资者的合法利益，不得以损害投资者利益的手段谋取个人或者相关方利益。从业人员在向投资者提供服务时应当公平地对待投资者。从业人员不得迎合投资者的不合理要求，不得为了投资者利益而损害社会公共利益、所在机构的合法利益或者他人的合法权益。

从业人员发现所在机构有欺骗投资者、对市场严重不负责任等行为时，应当坚持原则，并及时向有关部门反映或举报。从业人员不能片面地强调业务的发展而忽视投资者信誉，更不能从个人利益出发与投资者恶意串通。发现投资者有不诚信、违法违规的行为时，应当及时向所在机构报告，并注意防范投资者的信用风险。当从业人员与其所服务的投资者存在利益冲突或因其他原因无法继续提供期货业务服务时，应当通过所在机构及时与投资者协商，采取更换从业人员或其他办法予以妥善解决。

4. 期货交易所

期货交易所作为一个由法律规定的特殊机构，其职责也是由法律明确的。《期货交易管理条例》第十条规定："期货交易所应当依照本条例和国务院期货监督管理机构的规定，建立、健全各项规章制度，加强对交易活动的风险控制和对会员以及交易所工作人员的监督管理。期货交易所履行下列职责：（一）提供交易的场所、设施和服务；（二）设计合约，安排合约上市；（三）组织并监督交易、结算和交割；（四）为期货交易提供集中履约担保；（五）按照章程和交易规则对会员进行监督管理；（六）国务院期货监督管理机构规定的其他职责。期货交易所不得直接或者间接参与期货交易。未经国务院期货监督管理机构审核并报国务院批准，期货交易所不得从事信托投资、股票投资、非自用不动产投资等与其职责无关的业务。"

《期货交易所管理办法》第八条规定："期货交易所除履行《期货交易管理条例》规定的职责外，还应当履行下列职责：（一）制定并实施期货交易所的交易规则及其实施细则；（二）发布市场信息；（三）监管会员及其客户、指定交割仓库、期货保证金存管银行及期货市场其他参与者的期货业务；（四）查处违规行为。"

此外，《期货交易管理条例》还要求期货交易所应当按照国家有关规定建立、健全下列风险管理制度：

- 保证金制度；
- 当日无负债结算制度；
- 涨跌停板制度；
- 持仓限额和大户持仓报告制度；
- 风险准备金制度；
- 国务院期货监督管理机构规定的其他风险管理制度。

实行会员分级结算制度的期货交易所，还应当建立、健全结算担保金制度。结算担保金是结算会员依交易所规定缴纳的，用于应对结算会员违约风险的共同担保资金。

当期货市场出现异常情况时，期货交易所可以按照其章程规定的权限和程序，决定采取下列紧急措施，并应当立即报告国务院期货监督管理机构：

- 提高保证金；
- 调整涨跌停板幅度；
- 限制会员或者客户的最大持仓量；
- 暂时停止交易；
- 采取其他紧急措施。

这里所称异常情况，是指在交易中发生操纵期货交易价格的行为或者发生不可抗拒的突发事件以及国务院期货监督管理机构规定的其他情形。

5. 期货交割仓库

交割仓库与期货交易所的关系，我们在前面已经详细介绍过。在期货实物交割相关活动中，交割仓库是非常重要的一个主体。交割仓库由期货交易所指定。期货交易所与交割仓库签订协议，明确双方的权利和义务。两者之间是一种合同法律关系。鉴于交割仓库在交割中的重要作用，为维护期货市场秩序，《期货交易管理条例》规定交割仓库不得有下列行为：

- 出具虚假仓单；
- 违反期货交易所业务规则，限制交割商品的入库、出库；
- 泄露与期货交易有关的商业秘密；
- 违反国家有关规定参与期货交易；
- 国务院期货监督管理机构规定的其他行为。

6. 中国期货业协会

中国期货业协会（以下简称协会）成立于2000年12月29日，是根据《社会团体登记管理条例》成立的全国期货行业自律性组织，为非营利性的社会团体法人。协会的注册地和常设机构设在北京。协会接受中国证券监督管理委员会和社团登记管理机关中华人民共和国民政部的业务指导和监督管理。

协会宗旨：在国家对期货业实行集中统一监督管理的前提下，进行期货业自律管理；发挥政府与期货业间的桥梁和纽带作用，为会员服务，维护会员的合法权益；坚持期货市场的公开、公平、公正，维护期货业的正当竞争秩序，保护投资者的合法权益，推动期货市场的规范发展。

协会主要职责：

- 教育和组织会员及期货从业人员遵守期货法律法规和政策。
- 制定和实施行业自律规则，监督、检查会员和期货从业人员的行为，对违反本章程及自律规则的会员和期货从业人员给予纪律处分。
- 组织开展期货行业诚信建设，建立健全行业诚信评价制度和激励约束机制，进行诚信监督。
- 负责期货从业资格的认定、管理以及撤销工作，负责组织期货从业资格考试、期货公司高级管理人员资质测试及法律法规、中国证监会规范性文件授权的其他专业资格考试。
- 制定期货业行为准则、业务规范，推进行业廉洁从业文化建设，参与开展行业资信评级，参与拟订与期货相关的行业和技术标准。

- 开展投资者保护与教育工作，督促会员加强期货及衍生品市场投资者合法权益的保护。
- 受理投资者与期货业务有关的投诉，对会员之间、会员与投资者之间发生的纠纷进行调解。
- 为会员服务，依法维护会员的合法权益，积极向中国证监会及国家有关部门反映会员在经营活动中的问题、建议和要求。引导和推动行业服务实体经济，履行社会责任。
- 制定并实施期货人才发展战略，加强期货业人才队伍建设，对期货从业人员进行持续教育和业务培训。
- 设立专项基金，为期货业人才培养、投资者教育或其他特定事业提供资金支持。
- 开展行业网络安全与信息化自律管理，提高行业网络安全与信息化工作水平。
- 收集、整理期货相关信息，开展会员间的业务交流，组织会员对期货业的发展进行研究，对相关方针政策、法律法规提出建议，促进业务创新。
- 加强与新闻媒体的沟通与联系，开展期货市场宣传，经批准表彰或奖励行业内有突出贡献的会员和从业人员，组织开展业务竞赛和文化活动。
- 开展期货业的国际交流与合作，加入国际组织，推动相关资质互认。
- 依据自律规则对境内特定品种期货交易及相关业务活动和其他涉外业务实行行业自律管理。
- 法律法规规定、中国证监会委托以及会员大会决定的其他职责。

7. 中国期货市场监控中心

中国期货市场监控中心有限责任公司（原中国期货保证金监控中心，于2015年4月正式更名）是经国务院同意，中国证监会决定设立，于2006年3月成立的非营利性公司制法人。其股东单位有上海期货交易所、中国金融期货交易所、郑州商品交易所以及大连商品交易所，注册资本13.65亿元。中国期货市场监控中心的业务接受中国证监会的指导、监督和管理。

监控中心是非常具有中国特色的期货市场监管辅助机构。最初的职责相对单一，主要履行《期货交易管理条例》中期货保证金安全存管监控机构的职责。近年来，监控中心职责范围得到较大扩展，现有主要职能包括：

- 期货市场统一开户；
- 期货保证金安全监控；
- 为期货投资者提供交易结算信息查询；
- 期货市场运行监测监控；
- 宏观和产业分析研究；
- 期货中介机构监测监控；
- 代管期货投资者保障基金；
- 商品及其他指数的编制、发布；
- 为监管机构和期货交易所等提供信息服务；
- 期货市场调查；
- 协助风险公司处置。

8. 中国证监会

中国证监会为国务院直属正部级事业单位，依照法律、法规和国务院授权，统一监督管理全国证券期货市场，维护证券期货市场秩序，保障其合法运行。中国证监会设在北京，在省、自治区、直辖市和计划单列市设立36个证券监管局，以及上海、深圳证券监管专员办事处。

《期货交易管理条例》第四十六条规定，中国证监会在对期货市场实施监督管理时，依法履行下列职责：

- 制定有关期货市场监督管理的规章、规则，并依法行使审批权；
- 对品种的上市、交易、结算、交割等期货交易及其相关活动，进行监督管理；
- 对期货交易所、期货公司及其他期货经营机构、非期货公司结算会员、期货保证金安全存管监控机构、期货保证金存管银行、交割仓库等市场相关参与者的期货业务活动，进行监督管理；
- 制定期货从业人员的资格标准和管理办法，并监督实施；
- 监督检查期货交易的信息公开情况；
- 对期货业协会的活动进行指导和监督；
- 对违反期货市场监督管理法律、行政法规的行为进行查处；
- 开展与期货市场监督管理有关的国际交流、合作活动；
- 法律、行政法规规定的其他职责。

中国证监会依法履行职责，可以采取下列措施：

- 对期货交易所、期货公司及其他期货经营机构、非期货公司结算会员、期货保证金安全存管监控机构和交割仓库进行现场检查。
- 进入涉嫌违法行为发生场所调查取证。
- 询问当事人和与被调查事件有关的单位和个人，要求其对与被调查事件有关的事项作出说明。
- 查阅、复制与被调查事件有关的财产权登记等资料。
- 查阅、复制当事人和与被调查事件有关的单位和个人的期货交易记录、财务会计资料以及其他相关文件和资料；对可能被转移、隐匿或者毁损的文件和资料，可以予以封存。
- 查询与被调查事件有关的单位的保证金账户和银行账户。
- 在调查操纵期货交易价格、内幕交易等重大期货违法行为时，经国务院期货监督管理机构主要负责人批准，可以限制被调查事件当事人的期货交易，但限制的时间不得超过15个交易日，案情复杂的，可以延长至30个交易日。
- 法律、行政法规规定的其他措施。

期货交易纠纷的解决

1. 纠纷解决的途径

在经济和商务活动当中，当事人之间发生各种各样的纠纷是难以避免的，在期货交易中也一样。当发生纠纷时，应当积极通过各种可能的方式和途径解决纠纷。对投资者而言，解决纠纷的过程，也就是维护自己合法权益的过程。

一般来说，纠纷通过以下方式解决：

（1）协商和调解

发生纠纷时，纠纷双方进行直接协商是最简便、最直接的维权方式。协商必须以双方平等自愿为前提。在不违反法律的强制性规定的前提下，当事人可处分自己的权利。协商后达成的协议具有合同的效力，对双方有约束力，但没有直接的强制执行效力，需要由当事人自愿履行，如有违反，应承担违约的民事法律责任。

由纠纷双方之外的第三者居中进行调解，是另一种解决纠纷的方式。进行调解的前提是纠纷双方必须自愿接受调解，在调解过程中，任何一方也可以随时退出调解。经调解达成的协议，与双方直接协商达成的协议效力相同，同样没有直接的强制执行效力，需要由当事人自愿履行。

协商和调解有着自身的优势：两种纠纷解决方式程序简便灵活、成本低廉，而且能够维护双方合作关系，也有利于保护商业秘密。由于协议的内容是在双方自愿的基础上订立的，在良好的信用机制下，往往能够得到自愿履行。

在期货市场，上海期货交易所、郑州商品交易所、大连商品交易所三家会员制期货交易所在其理事会下设立了调解委员会，公司制的中国金融期货交易所在其董事会下设立了调解委员会，当会员、客户、指定交割仓库、指定期货保证金存管银行等期货市场主体之间发生期货交易纠纷，可以提请交易所调解。中国期货业协会在其理事会下设立了调解委员会，会员、客户之间发生的期货业务纠纷，可以申请协会调解。

（2）仲裁

- 仲裁及其原则

仲裁是解决民事、经济纠纷的另一种重要方式。所谓仲裁，指纠纷双方当事人在争议发生前或发生后达成协议，自愿将双方的纠纷交由中立的第三方进行审理并作出对争议双方均产生拘束力的裁决。仲裁制度遵循以下原则：

仲裁遵循自愿原则，充分尊重当事人的意愿。纠纷发生后是否通过仲裁方式解决，由哪个仲裁机构裁决案件，都由双方协商选定。仲裁庭的组成形式以及仲裁员的选择由当事人决定。在涉外仲裁中，仲裁适用的程序规则以及实体规范也可由当事人协商。

仲裁具有民间性。仲裁的主持者——仲裁机构不属于官方机构。仲裁机构与行政机关没有隶属关系，仲裁机构之间也没有隶属关系。仲裁制度是一种民间自治的纠纷解决方式，承担案件审理的仲裁员也是民间人士。仲裁机构没有采取财产保全、证据保全等强制措施的权力。尽管如此，仲裁裁决具有法律上的强制力。仲裁裁决一经作出即发生法律效力，承担义务的一方当事人应当在指定的期限内履行其义务；否则，权利人可以依据生效的仲裁裁决向法院申请强制执行，通过国家的司法权保障裁决的实现。

仲裁实行一裁终局原则，即案件一经仲裁机构作出裁决立即生效并对双方当事人产生相应的法律约束力，当事人不得就同一案件再向仲裁机构申请仲裁或向法院提起诉讼。

- 仲裁协议

仲裁协议，是指当事人自愿达成的将已经发生的或将来可能发生的纠纷，提交仲裁机构裁决的意思表示，是当事人愿意将其纠纷提交给仲裁机构仲裁的法律文件。仲裁协议的内容由双方当事人约定，但必须具备以下基本内容：双方当事人自愿将争议提交仲裁的意思表示；提交仲裁的具体事项；选定的仲裁机构。

仲裁协议是非常重要的法律文件，涉及当事人能否申请仲裁以及仲裁机构能否受理等重要问题。因此，我国《仲裁法》规定，仲裁协议必须是书面形式，口头仲裁协议无效。仲裁协议有两种表现形式：一是双方就仲裁形成独立的协议；另一种在合同中订立关于仲裁的合同条款。独立的仲裁协议和合同中的仲裁条款效力是一样的。仲裁协议的效力具有独立性。也就是说，仲裁协议是否有效，不受当事人所发生争议的合同是否有效的影响。合同无效，不影响仲裁协议的效力。

仲裁是一种准司法程序。虽然仲裁也以双方自愿订立的仲裁协议为前提，但一旦有了有效的仲裁协议，仲裁程序就对当事人双方具有了强制力。仲裁程序一经启动，就必须依照仲裁程序进行。仲裁机构做出的仲裁裁决具有终局的效力。虽然仲裁机构不能直接强制执行，但当事人如果不自愿履行裁决，对方当事人可以申请法院强制执行仲裁裁决。

- 仲裁程序

仲裁主要有申请、受理、审理、裁决和执行等程序。

首先，当事人应当以书面方式向仲裁协议规定的仲裁机构提出仲裁的申请。在仲裁申请中应写明申请人和被申请人的基本情况，仲裁请求和所根据的事实、理由，证据和证据来源等。同时，申请人应当交纳仲裁费。

仲裁机构经审核符合受理条件的，将组成仲裁庭。仲裁庭有合议庭和独任庭两种形式，适用哪种仲裁庭当事人有权通过协商确定。当事人协议确定独任仲裁形式的，独任仲裁员由双方协议选择。如果协议确定合议庭仲裁形式的，首先由双方各选择一名仲裁员，然后再协议选择第三名仲裁员，该第三名仲裁员为合议庭的首席仲裁员。当事人也可以委托仲裁委员会主任决定。如果当事人未能确定仲裁庭的形式或仲裁员的人选，仲裁委员会主任有权作出最后决定。

仲裁庭在双方当事人或其代理人的参加下，通过听取当事人或者代理人的口头陈述、出示证据、质证和进行辩论，对当事人之间的争议进行实质审查，并在此基础上作出裁决。

仲裁裁决生效以后即产生法律约束力。当事人不得就该裁决所解决的争议再向其他仲裁机构申请仲裁，也不得向法院起诉，法院和其他仲裁机构也不得受理已由生效裁决所解决的争议事项。仲裁裁决作出以后，负有义务的当事人应当履行义务，在裁决书规定的期间内拒不履行其义务的，权利人可以向法院申请强制执行。

由于仲裁具有终局的效力，当事人即使对裁决不服，也不能申请复议或上诉。但是，如果有下情形时，当事人在6个月内可以向仲裁机构所在地的中级人民法院申请撤销仲裁裁决：

- 当事人之间没有仲裁协议的；
- 裁决的事项不属于仲裁协议约定的范围或者仲裁委员会无权仲裁的；
- 仲裁庭的组成或者仲裁的程序违反法定程序的；
- 裁决所依据的证据是伪造的；
- 对方当事人隐瞒了足以影响公正裁决的证据的；
- 仲裁员在仲裁该案时有索贿受贿，徇私舞弊，枉法裁判行为的；
- 裁决违背社会公共利益的。

法院经审查核实认为当事人提出的申请所依据的理由成立的，应当在2个月内裁定撤销该裁决。仲裁裁决被人民法院裁定撤销后，当事人可以重新达成仲裁协议申请仲裁，也可以向人民法院起诉。

仲裁与其他民间性质的解决纠纷方式最显著的不同，在于仲裁裁决具有法律上的强制力。仲裁裁决作出以后，义务人应当在规定的期限内自觉履行义务。但是，如果义务人在规定的期限内拒不履行仲裁裁决书中所确定的义务，权利人可以向被申请执行人住所地或被执行财产所在地的人民法院提出执行申请。当事人必须在法定期限内提出申请。

（3）诉讼

诉讼，俗称“打官司”，是由国家专门设立的司法机关（法院）对当事人之间的纠纷进行审理，并作出具有终局效力和强制效力的判决的纠纷解决方式。诉讼具有严格的程序性特点，并且法院的裁决具有直接的强制执行效力。民事诉讼，是指人民法院在当事人和全体诉讼参与人的参加下，依法审理和解决民事纠纷的活动。民事纠纷，指的是公民之间、法人之间、其他组织之间以及他们相互之间因财产关系和人身关系而发生的纠纷。期货交易中的纠纷，一般属于民事纠纷。与社会生活中解决民事纠纷的其他方法（例如和解、调解、仲裁）相比较，民事诉讼是在国家审判机关的主持下进行的，民事诉讼的进行应当依照严格的诉讼程序和诉讼制度，民事诉讼具有强制性。

在此，需要注意的是，要正确处理仲裁和民事诉讼的关系。按照现行法律，我国实行或审或裁的体制。当事人之间发生了民事纠纷，到底采取何种方式处理听凭当事人决定。如果在纠纷发生前或发生后，当事人约定以仲裁方式解决争端，则不得向人民法院提起民事诉讼；如果不服仲裁机构的裁决，当事人也不得再向法院起诉。

人民法院在审理民事案件的过程中，如果当事人愿意，可以说服或促成双方达成和解协议和平解决争端，这就是法院调解。法院调解，又叫诉讼中调解，是指民事诉讼中双方当事人在法院审判人员的主持和协调下，就案件争议的问题进行协商，从而解决纠纷所进行的活动。我国民事审判在实践中积累了丰富的法院调解的经验，事实证明法院调解也有诸多的好处。一是有利于纠纷的迅速解决，提高办案效率；二是有利于当事人之间权利义务的实现；三是有利于促进双方当事人的团结。法院调解应当遵循当事人自愿原则、查明事实分清是非的原则和合法原则。调解书一旦经双方当事人签字认可，即发生法律效力，与生效判决具有同等的法律效力。值得注意的是，不能强制调解，更不得久调不决。能调则调，不能调则判。

2. 法院审理期货纠纷案件的特殊之处一：管辖

（1）管辖

所谓管辖，是指各级人民法院之间和同级法院之间，受理第一审民事案件的分工和权限。从不同角度来分，管辖主要分级别管辖和地域管辖两种。

级别管辖是指按法院的级别划分上下级法院之间第一审民事案件的分工和权限。最高人民法院管辖在全国范围内有重大影响的民事案件和认为应当由其审理的民事案件。高级人民法院管辖本辖区有重大影响的民事案件。中级人民法院管辖重大涉外民事案件和本辖区有重大影响的民事案件，以及最高人民法院确定由其管辖的第一审民事案件。基层法院管辖除以上法院管辖之外的所有第一审民事案件。

地域管辖分为一般地域管辖和特殊地域管辖。一般地域管辖是指以当事人所在地与法院辖区的关系来确定的管辖。在我国，公民总要在一定的行政区划内生活，要么该行政区是他的住所地，要么该行政区是其居所地。所谓住所地是指公民的户籍地，居所地是指公民以一定的理由和目的在某地持续居住一年以上的所在地。对于法人或其他组织而言，其住所地是指该法人或其他组织的主要营业地或主要办事机构所在地。法律规定，在一般情况下实行“原告就被告原则”，即原告应向被告住所地法院提起民事诉讼，如果住所地与居所地不一致时，原告应向被告的居所地法院起诉。法律规定，在特殊情形下实行“被告就原告原则”，即原告起诉只需在自己的住所地或居所地法院提起诉讼。例如，对不在中华人民共和国领域内居住的人提起的有关身份关系的诉讼；对下落不明或者宣告失踪的人提起的有关身份关系的诉讼；对被采取强制性教育措施的人提起的诉讼和对被监禁的人提起的诉讼。特殊地域管辖是指以被告住所地或诉讼标的或引起法律关系发生、变更、消灭的法律事实所在地法院为管辖法院的管辖。《民事诉讼法》对此有明确规定。

此外，还有专属管辖、移送管辖、指定管辖等。

（2）《最高人民法院关于审理期货纠纷案件若干问题的规定》的规定

考虑到期货交易的特殊性，关于期货纠纷案件的管辖问题，《最高人民法院关于审理期货纠纷案件若干问题的规定》规定，法院应当依据《民事诉讼法》有关规定确定期货纠纷案件的管辖，也就是根据合同履行地、被告所在地以及侵权行为地来确定管辖。在期货公司的营业部等分支机构进行期货交易的，该分支机构住所地为合同履行地。因实物交割发生纠纷的，期货交易所住所地为合同履行地。侵权与违约竞合的期货纠纷案件，依当事人选择的诉由确定管辖。当事人既以违约又以侵权起诉的，以当事人起诉状中在先的诉讼请求确定管辖。期货纠纷案件由中级人民法院管辖，高级人民法院根据需要可以确定部分基层人民法院受理期货纠纷案件。

(3)《最高人民法院关于审理期货纠纷案件若干问题的规定（二）》的规定

《最高人民法院关于审理期货纠纷案件若干问题的规定（二）》规定，以期货交易所为被告或者第三人的因期货交易所履行职责引起的商事案件，由期货交易所所在地的中级人民法院管辖。期货交易所履行职责引起的商事案件，是指期货交易所会员及其相关人员、保证金存管银行及其相关人员、客户、其他期货市场参与者，以期货交易所违反法律法规以及国务院期货监督管理机构的规定，履行监督管理职责不当，造成其损害为由提起的商事诉讼案件；期货交易所会员及其相关人员、保证金存管银行及其相关人员、客户、其他期货市场参与者，以期货交易所违反其章程、交易规则、实施细则的规定以及业务协议的约定，履行监督管理职责不当，造成其损害为由提起的商事诉讼案件；期货交易所因履行职责引起的其他商事诉讼案件。

2. 法院审理期货纠纷案件的特殊之处二：保全和执行

(1) 保全和执行

在民事诉讼中，如果出现当事人一方恶意抽逃资金，变卖、挥霍、转移、隐藏财产和标的物，以及由于争议标的物自身属性而腐烂、变质、毁损的现象，那么，法院判决生效后就无财产可供执行或难以执行。为了保证人民法院将来作出的判决能够顺利执行，有效保护当事人合法权益，另一方当事人可以及时申请人民法院对争议的财产或争议的标的物采取财产保全措施，在一定时期内限制当事人对该项财产的支配、处分权，为将来生效判决的执行提供可能。如果在案件过程中，发现债务人正在试图转移、藏匿财产，存心赖账，这很可能造成您最后赢了官司，却拿不到钱的结果。这时候，您掌握了确实的证据后，可以向法院申请财产保全。但是，由于期货交易的特殊性，期货纠纷案件中，保全和执行存在一些特殊之处。

(2)《最高人民法院关于审理期货纠纷案件若干问题的规定》的规定

根据《最高人民法院关于审理期货纠纷案件若干问题的规定》，人民法院保全与会员资格相应的会员资格费或者交易席位，应当依法裁定不得转让该会员资格，但不得停止该会员交易席位的使用。人民法院在执行过程中，有权依法采取强制措施转让该交易席位。

期货交易所、期货公司为债务人的，人民法院不得冻结、划拨期货公司在期货交易所或者客户在期货公司保证金账户中的资金。有证据证明该保证金账户中有超出期货公司、客户权益资金的部分，期货交易所、期货公司在人民法院指定的合理期限内不能提出相反证据的，人民法院可以依法冻结、划拨该账户中属于期货交易所、期货公司的自有资金。

期货公司为债务人的，人民法院不得冻结、划拨专用结算账户中未被期货合约占用的用于担保期货合约履行的最低限额的结算准备金；期货公司已经结清所有持仓并清偿客户资金的，人民法院可以对结算准备金依法予以冻结、划拨。期货公司有其他财产的，人民法院应当依法先行冻结、查封、执行期货公司的其他财产。

客户、自营会员为债务人的，人民法院可以对其保证金、持仓依法采取保全和执行措施。

(3)《最高人民法院关于审理期货纠纷案件若干问题的规定（二）》的规定

《最高人民法院关于审理期货纠纷案件若干问题的规定（二）》根据期货市场的发展变化，对期货市场的保全和执行进行了补充规定：

- 期货交易所为债务人，债权人请求冻结、划拨以下账户中资金或者有价证券的，人民法院不予支持：

期货交易所会员在期货交易所保证金账户中的资金；

期货交易所会员向期货交易所提交的用于充抵保证金的有价证券。

- 期货公司为债务人，债权人请求冻结、划拨以下账户中资金或者有价证券的，人民法院不予支持：

客户在期货公司保证金账户中的资金；

客户向期货公司提交的用于充抵保证金的有价证券。

- 实行会员分级结算制度的期货交易所的结算会员为债务人，债权人请求冻结、划拨结算会员以下资金或者有价证券的，人民法院不予支持：

非结算会员在结算会员保证金账户中的资金；

非结算会员向结算会员提交的用于充抵保证金的有价证券。

有证据证明保证金账户中有超过上述规定的资金或者有价证券部分权益的，期货交易所、期货公司或者期货交易所结算会员在人民法院指定的合理期限内不能提出相反证据的，人民法院可以依法冻结、划拨超出部分的资金或者有价证券。

有证据证明期货交易所、期货公司、期货交易所结算会员自有资金与保证金发生混同，期货交易所、期货公司或者期货交易所结算会员在人民法院指定的合理期限内不能提出相反证据的，人民法院可以依法冻结、划拨相关账户内的资金或者有价证券。

实行会员分级结算制度的期货交易所或者其结算会员为债务人，债权人请求冻结、划拨期货交易所向其结算会员依法收取的结算担保金的，人民法院不予支持。

有证据证明结算会员在结算担保金专用账户中有超过交易所要求的结算担保金数额部分的，结算会员在人民法院指定的合理期限内不能提出相反证据的，人民法院可以依法冻结、划拨超出部分的资金。

后　记

历经三年多的辛勤努力，《“讲故事　学期货”金融国民教育丛书》终于与读者见面了！

《“讲故事　学期货”金融国民教育丛书》用图书的方式，打造一套具有标识性的投资者教育产品，在系统、全面介绍期货行业全貌、入市应知应会的基础上布局亮点，力图用通俗易懂的语言、生动有趣的故事案例将期货知识介绍给读者，尽量避免深奥的理论阐述。

本丛书由中国期货业协会期货投资者教育专项基金资助。中国证监会投资者保护局、期货部自始至终关注期货业协会投教基地的建设和投教新产品的推出；协会领导对丛书编写工作给予高度重视和大力支持；王明伟会长多次对编写工作给出指导意见。中国期货业协会投资者教育委员会部分委员参与了丛书评审。中国财政经济出版社负责出版工作。

本书由焦增军负责撰稿。

鉴于水平有限，呈现给大家的书稿可能仍未达期望。在此，我们诚恳地向读者征求意见和建议，以便在以后修订的过程中继续提高。如有错误疏漏之处，敬请读者批评指正。

“讲故事　学期货”金融国民教育丛书编写组

2019 年 12 月